Träume mit Gott

*Gestalte deine Welt
durch Gottes
kreativen Fluss in dir*

© Copyright 2006 by Bill Johnson
Titel der amerikanischen Originalausgabe: *Dreaming With God*
Originalverlag: Destiny Image Publishers, Inc., P.O. Box 310 Shippensburg,
PA 17257-0310 U.S.A.

Aus dem Englischen übersetzt von Manfred R. Haller und Michael Stadtler

© Copyright der deutschen Ausgabe 2016 by Asaph-Verlag
4. Auflage 2016 (1. Auflage im Asaph-Verlag)
Bibelzitate wurden folgenden Übersetzungen entnommen: *Revidierte Elberfelder Bibel* © 1985/1991 SCM R. Brockhaus, Witten, und Manfred R. Haller, *Und wir sahen seine Herrlichkeit: Die neutestamentlichen Schriften der Apostel Paulus und Johannes*, © 2007 Wohlkunde-Verlag

Umschlaggestaltung: Ralf Eppelein
(unter Verwendung von flickr.com-Fotos von jsome1, mknobil und perrimoon)

Druck: CPI books GmbH, Leck
Printed in the EU
ISBN 978-3-940188-97-7
Bestellnummer 147497

Für kostenlose Informationen über unser umfangreiches Lieferprogramm an christlicher Literatur, Musik und vielem mehr wenden Sie sich bitte an:
Asaph, Postfach 2889, D-58478 Lüdenscheid
asaph@asaph.de – www.asaph.de

Widmung

Ich widme dieses Buch den »Vätern« in meinem Leben. Sie lebten selbstlos und sahen das Beste in mir, als ich noch so gut wie nichts sehen konnte. Sie waren nicht immer viel älter als ich, aber sie waren immer reifer und stabiler. Ich bin ihnen für immer zu Dank verpflichtet.

Meinem eigenen Vater, M. Earl Johnson. Er lebte zu Hause wie auf der Kanzel – ehrlich, demütig, visionär, seiner Familie hingegeben, ein Mann von Charakter und von großem Mitgefühl, und er lebte sein Leben als ein Anbeter. Danke, Dad! Ich bin Gott ewig dankbar für dich.

Chip Worthington. Du lehrtest mich den Wert des Gebetslebens und trainiertest mich darin, nach Erweckung zu hungern.

Mario Murillo. Du hast mir geholfen zu sehen, dass Wunder normal sind, dass Erweckung möglich und dass ein an Jesus ausgeliefertes Leben der einzig akzeptable Lebensstil ist.

Darol Blunt. Du hast mir das Leben der Gnade anschaulich gemacht und mir dabei geholfen, das Wohlgefallen des Herrn in meinem Leben zu entdecken.

Dick Joyce. Deine Treue zu mir als ein Pastor einer kleinen Gemeinde in einer kleinen Stadt richtete einen Standard von Königreichsprinzipien auf, den ich nie zu verlieren hoffe. Du hast mir gezeigt, dass das normale Christenleben ein übernatürliches Leben ist.

Euch allen, danke. Millionen mal danke.

Danksagung

Mein ganz besonderer Dank gilt euch, Dann Farrelly, Carol Reginato und Allison Armerding, für euren Liebesdienst, mein Manuskript zu bearbeiten. Ohne euch wäre dieses Buch fast unmöglich gewesen.

Der ganzen Bethel-Gemeindefamilie: Ihr erstaunt mich. Eure unermüdliche Leidenschaft für Gott und euer Lebensstil, Risiken einzugehen, hat mir geholfen, den Kontext für die größte Bewegung Gottes zu schaffen, die ich je gesehen habe. Mögen wir uns gemeinsam auf die nächste Ebene bewegen!

Referenzen

»Bill Johnson hat eines der wichtigsten Konzepte in der menschlichen Entwicklung erfasst – wie man den Willen Gottes träumt. Seine inspirierende und erhellende Darlegung des Konzeptes über »sehnsüchtiges Verlangen« und darüber, welche Rolle es bei menschlichen Aktivitäten, Kreativität, Weisheit und persönlicher Erfüllung spielt, wird ganz bestimmt die tiefgreifenden Fragen des menschlichen Herzens beantworten. Ich empfehle dieses Buch ganz besonders und hoffe, dass es jeder lesen wird.«

Dr. Myles Munroe,
MMI International,
Nassau, Bahamas

»Bill Johnson hat einen Appetit auf die Freundschaft mit Gott und auf das ganze Geheimnis, die Offenbarung, Kraft und Herrlichkeit, die damit einhergeht. Er kann es nicht ertragen, außen vor zu bleiben. Er ringt um den totalen Durchbruch hin zum Unmöglichen, hin zu all dem, was nur Gott zu tun vermag. Und in Leidenschaft und Anbetung ruft er Gott an, uns das erleben zu lassen, wovon wir dachten, es wäre erst für die Zukunft bestimmt. Bill lebt jetzt inmitten von Erweckung, und es ist eine seltene Freude, die uns in diesem Buch zuteil wird, wenn wir es ihm erlauben, uns auf eine höhere Ebene zu führen und mehr und mehr die Kräfte zukünftiger Zeitalter zu schmecken.«

Drs. Rolland & Heidi Baker,
Iris Ministries, Mosambik

Inhalt

Vorwort von James W. Goll 11

Einführung 13

Kapitel 1: Mit Gott zusammenarbeiten 15
Kapitel 2: Die kreative Ader 29
Kapitel 3: Der Wert des Geheimnisvollen 49
Kapitel 4: Die Sprache des Geistes 63
Kapitel 5: Die Gesellschaft einnehmen 87
Kapitel 6: Die praktische Seite der Dinge 113
Kapitel 7: Der Geist der Offenbarung 129
Kapitel 8: Das lebendige Wort feiern 145
Kapitel 9: Unsere Welt neu gestalten 165
Kapitel 10: Das Morgen ins Heute hereinholen 179

Vorwort

Hast du gewusst, dass die Sterne sprechen? Sie taten es in Abrahams Tagen! Der Schöpfer des Universums gab einem Seiner Freunde ein direktes und erstaunliches Wort. Er sagte ihm, er solle hinausgehen und die Sterne zählen, die nachts am Himmel aufleuchten. Stell dir vor, nachts die Sterne zählen!

Was also tat Abraham? Er ging hinaus und fing an, die Sterne zu zählen! Ich stelle mir vor, dass es ungefähr so war. Abraham geht in der Abendkühle hinaus ins Freie, nachdem er Sara, seiner Frau, »Gute Nacht« gesagt hatte, und dann macht er einen langen Spaziergang, während er überlegt und zum Himmel hinaufstarrt. Er beginnt im Gehorsam mit dem Zählen der Sterne, während er mit sich selbst und mit Gott redet. »Einer, zwei, vier, siebenundzwanzig, fünfundvierzig, einhundertfünfundfünfzig, zweitausendundzweiundsechzig, uff, uff, uff… Was denn – die Sterne zählen?! Was meinst du damit, ich kann ihre Zahl nicht feststellen – sie scheinen so zahllos«.

Der Herr antwortete: »Abraham – zähle die Sterne«. Ein bisschen verwirrt versucht er, in Gedanken zu erfassen, was der »Mann im Obergeschoss« wohl mit diesem seltsamen Befehl im Sinn hatte. Abraham fährt mit seinem Versuch fort, der Anweisung der unsichtbaren Stimme zu folgen. »Dreitausendsiebenhundertund… oh, ich habe vergessen – wo war ich eigentlich?«

Die Stimme ließ sich noch einmal vernehmen, doch dieses Mal gab sie eine kleine Erklärung für Insider ab: »Die Zahl der Sterne wird der Zahl deiner Nachkommen entsprechen«. »Was, oh? Weißt du nicht, dass Sara und ich schon so lange verheiratet sind und keine Leibesfrucht haben, geschweige denn…?« Doch die Stimme des Meisters blieb unbeirrt: »Zähle die Sterne. Wie viele sind es?«

Ja, die Sterne sprachen zu Abraham. Vielleicht verfolgte ihn die Stimme der Sterne eine Zeit lang, wenn er Nacht für Nacht hinaustrat und in den Bereich des Unmöglichen hinausstarrte. Doch irgendwo unterwegs veränderte sich etwas. Wurden die Umstände anders? Nein, zumindest nicht sofort. Was aber änderte sich dann? Nun, Abraham bewegte sich, wie wir alle, von gedanklicher Zustimmung zum Herzensglauben.

Irgendwie sickerte Gottes Traum in Abrahams Herz. Nach vielen Versuchen, Prüfungen und Irrwegen gelangte Abraham an einen Punkt, dass er nachts hinaustrat und jauchzte, wenn er hinaufschaute! »Ja, es gibt eine Verheißung! Ja, und sie gilt mir! Dieser Stern dort erklärt, dass sich Gottes Wort erfüllen wird! Tatsächlich sagt dieses schimmernde Licht dort oben zu mir, dass die Verheißungen Gottes ‚Ja und Amen' sind!«

Ja, die Sterne sprachen tatsächlich.

Ihr kennt den Rest der Begebenheit. Es ist ein lebendiges Stück Geschichte, das uns alle beeinflusst hat. Seht ihr, Gott ist ein Träumer, und Er hält Ausschau nach einem Volk, das mit Ihm Seine Träume träumt.

In jeder Generation stehen Träumer auf. Sie denken außerhalb von menschengemachten Rastern und wagen es vorzustoßen. Doch heute erhebt sich eine neue Sorte von Träumern. Sie reden nicht nur von kommenden Dingen – sie rufen sie im Hier und Jetzt ins Dasein. Sie leben ihre Träume.

So habe ich das große Vergnügen und die große Ehre, dich mit einem Mann und einer Botschaft bekannt zu machen. Der Mann heißt Bill Johnson. Seine Botschaft ist mit Sicherheit ein Traum! Es geschieht mit äußerster Wertschätzung, wenn ich euch ein Beispiel dafür präsentiere, wie es ist, wenn ein Mann und seine Botschaft eins sind.

Seht, hier kommt ein weiterer Träumer! Willst du dich der wachsenden Schar von Träumern anschließen?

Ja, die Sterne sprechen immer noch!

An Jesus verschwendet,
James W. Goll
Autor von *Die verlorene Kunst der Fürbitte*

Einführung

Ich schreibe, damit sich Seine Gemeinde zu ihrem Potenzial erheben und den Lauf der Weltgeschichte ändern möge. Wir haben keine minderwertige Botschaft. Es ist die einzige, die durch die Umwandlung eines Lebens, einer Familie, einer Stadt demonstriert werden kann. *Träume mit Gott* wurde als Antwort auf die Schreie der Hingegebenen, aber Unerfüllten geschrieben. Ich schrieb es, damit echten Gläubigen die Erlaubnis gegeben wird zu träumen, in dem Bewusstsein, dass Gott sich danach sehnt, dass wir mit Ihm beim Verwirklichen Seines göttlichen Planes Seine Partner sind.

Träume mit Gott war der Titel eines Kapitels in meinem Buch *Neues Denken – Neue Vollmacht*. Don Milam, von Destiny Image Publishing, meinem amerikanischen Verlag, hatte das Gefühl, das Thema verdiene größere Aufmerksamkeit, als ich ihm in einem einzigen Kapitel einräumen konnte. Ich stimme ihm zu und darum habe ich versucht, auf den folgenden Seiten ausführlicher darauf einzugehen. Vielen Dank, Don, für die Ermutigung.

Kapitel 1

Mit Gott zusammenarbeiten

*Gott hat Sich Selbst den Wünschen Seines Volkes
gegenüber verletzbar gemacht*

Die Jünger lebten in Ehrfurcht vor diesem Einen, der sie gerufen hatte, alles zu verlassen und Ihm nachzufolgen. Es war eine leichte Wahl. Wenn Er sprach, wurde etwas in ihnen lebendig, von dem sie noch nie gewusst hatten, dass es überhaupt existierte. Es war etwas in Seiner Stimme, wofür es sich zu leben lohnte – etwas, das es wert war, dass man sein Leben dafür hingab.

Jeder Tag mit Jesus war angefüllt mit einem Sperrfeuer von Dingen, die sie nicht verstehen konnten; ob es ein von Dämonen Besessener war, der anbetend Jesus zu Füßen fiel, oder die überheblichen religiösen Führer, die in seiner Gegenwart still wurden; es war alles überwältigend. Ihr Leben hatte eine Bedeutung und eine Bestimmung angenommen, die alles Übrige bestenfalls zur Enttäuschung werden ließ. O ja, sie hatten ihre persönlichen Probleme, gewiss, aber sie waren von Gott ergriffen worden, und nun spielte alles andere keine Rolle mehr.

Die Dynamik des Lebensstils, die sie erlebten, ist für uns schwer nachvollziehbar. Jedes Wort, jede Handlung schien eine ewige Bedeutung zu haben. Am Hofe dieses Königs zu dienen, wird ihnen weit besser vorgekommen sein, als in ihren eigenen Palästen zu wohnen. Sie erlebten aus erster Hand, was David empfand, als er mit Gottes Gegenwart als Priorität lebte.

Der endgültige Übergang

Gegen Ende seines Erdenlebens verlieh Jesus seinen Jüngern die höchste Beförderung. Er sagte den Zwölfen, dass Er sie nicht mehr länger Knechte, sondern Freunde nennen würde. Im selben Raum mit Ihm sein zu dürfen, Ihn nur schon aus der Distanz zu verehren, war mehr, als sie je hätten verlangen können. Doch Jesus brachte sie in Sein Leben hinein. Sie hatten sich für die größte Beförderung als würdig erwiesen, welche die Menschheit je erlebt hat – von Knechten zu engen Freunden. Vielleicht hätte nur Esther einst wirklich verstehen können, wie sich diese Erhöhung anfühlte, als sie, ein Sklavenmädchen, das von Gefangenen abstammte, zur Königin befördert wurde. »Ich nenne euch nicht mehr Knechte, denn der Knecht weiß nicht, was sein Herr tut; euch aber habe ich Freunde genannt, weil ich euch alles verkündet habe, was ich von meinem Vater gehört habe« (Joh. 15,15). Mit dieser Beförderung würde sich die Aufmerksamkeit der Jünger nun verschieben – weg von der vordringlichen Aufgabe, hinüber zu Dem, der in ihrer Reichweite stand. Es wurde ihnen Zugang gewährt zu den Geheimnissen im Herzen Gottes.

Als Jesus Seinen Jüngern diese Beförderung zuteil werden ließ, tat Er dies, indem Er den Unterschied zwischen diesen zwei Positionen beschrieb. Knechte wissen nicht, was ihr Meister tut. Sie haben keinen Zugang zum persönlichen, intimen Bereich ihres Meisters. Sie sind aufgabenorientiert. Gehorsam ist ihr vorrangiger Fokus – und das mit Recht, denn ihr Leben hängt vom Erfolg in diesem Bereich ab. Doch Freunde konzentrieren sich auf etwas anderes. Es klingt fast lästerlich zu sagen, dass Gehorsam für einen Freund nicht die erste Sorge ist, aber es ist wahr. Gehorsam wird immer wichtig sein, wie der vorausgehende Vers betont: »Ihr seid meine Freunde, sofern ihr das ausführt, wozu Ich euch anweise« (Joh. 15,14; *Haller*). Doch Freunde sind kaum darum besorgt, dass sie ungehorsam sein, viel eher jedoch, dass sie enttäuschen könnten. Der Schwerpunkt der Jünger verschob sich von den Geboten zur Gegenwart, von der Anweisung zu der Beziehung, weg von dem, »was ich für Ihn tue«, hin zu dem, »wie meine Entscheidungen auf Ihn wirken«. Diese Verleihung von Freundschaft machte die Revolution, die wir heute immer noch erleben, erst möglich.

Verwandelt durch Beförderung

Mehrere Paradigmenwechsel vollziehen sich in unserem Herzen, wenn wir diese Beförderung annehmen. Zuerst ändert sich das, *was wir wissen*, in dem Maße, wie wir Zugang zum Herzen des Vaters gewinnen. Sein Herz ist die größte Informationsquelle, die wir benötigen, um in unserem ganzen Leben Erfolg zu haben. Jesus bezahlte den Preis für unseren Zugang zum Vater und hat uns dadurch die *Freiheit* gewährt, die von der Wahrheit kommt, die wir durch diese unbegrenzte Kenntnis Seines Herzens gewinnen. Wir finden die Freiheit in dieser Phase der Beförderung.

Zweitens ändert sich auch unsere *Erfahrung*. Begegnungen mit Gott als vertrauter Freund unterscheiden sich sehr von denen eines Knechtes. Sein Herzschlag wird zu unserem Herzschlag, wenn wir den Wandel in unseren eigenen Wünschen feiern. Der Bereich Seiner Gegenwart wird zu unserem größten Erbe und göttliche Begegnungen zu unseren großartigsten Erinnerungen. Das einzig mögliche Resultat dieser übernatürlichen Erfahrungen ist, dass wir persönlich verwandelt werden.

Drittens verändert sich auch unsere *Funktion* im Leben radikal. Statt *für* Ihn zu arbeiten, arbeiten wir jetzt *mit* Ihm. Wir arbeiten nicht *für* Sein Wohlgefallen, sondern *ausgehend* von Seinem Wohlgefallen. In dieser Position vertraut Er uns mehr von Seiner Kraft an und wir werden auf ganz natürliche Weise mehr und mehr in Sein Bild verwandelt.

Viertens wird auch unsere *Identität* radikal verwandelt. Unsere Identität legt die Grundrichtung fest für alles, was wir tun und werden. Christen, die aus dem leben, was sie wirklich sind, lassen sich nicht durch die Meinung anderer lähmen. Sie bemühen sich nicht, den Erwartungen anderer Leute zu entsprechen, sondern brennen in dem Bewusstsein dessen, was der Vater sagt, wer sie seien.

Eine Verschiebung des Fokus

Das klassische Beispiel vom Unterschied zwischen Knechten und Freunden finden wir in der Geschichte von Maria und Martha. Maria zog es vor, zu Jesu Füßen zu sitzen, während Martha es für wichtiger hielt, in der Küche zu arbeiten (vgl. Lk. 10,38-42).

Maria versuchte, Ihm zu gefallen, indem sie einfach bei Ihm war, während Martha versuchte, Ihm durch ihren Dienst zu gefallen.

Als Martha dann eifersüchtig wurde, bat sie Jesus, Er möge Maria sagen, sie solle ihr in der Küche helfen. Die meisten Knechte wollen die Rolle des Freundes verkleinern, um sich das Gefühl zu geben, dass sie in ihrem leistungsorientierten Zugang zu Gott gerechtfertigt seien. Es ist wichtig, die Antwort Jesu im Gedächtnis zu behalten: »Maria hat das bessere Teil erwählt«. Martha richtete Sandwiches her, die Jesus nie verlangt hatte. Mehr für Gott zu tun ist die Methode, die Knechte anwenden, um ihre Gunst bei ihrem Herrn zu vergrößern. Ein Freund hat ein ganz anderes Ziel. Er genießt die Gunst, die er bereits hat, und benutzt diese, um Zeit mit seinem Freund zu verbringen.

Zu behaupten, wir brauchten beides, Marias und Marthas, heißt, die Sache völlig falsch zu verstehen. Zudem ist es einfach nicht wahr. Ich habe gehört, wie gesagt wurde, es würde gar nichts geschehen, wenn wir keine Marthas hätten. Auch das ist eine Lüge. Diese Lehre stammt zumeist von Knechten, die sich durch den Lebensstil von Freunden eingeschüchtert fühlen. Maria war nicht jemand, der nichts tat; sie hatte einfach gelernt, von Seiner Gegenwart her zu dienen und nur Sandwiches zu machen, wenn Jesus danach verlangte. Von Seiner Gegenwart her zu arbeiten ist besser als für Seine Gegenwart zu arbeiten. Pastor Mike Bickle brachte es auf den Punkt, als er sagte: *Es gibt eben Liebende und solche, die arbeiten. Und Liebende bringen mehr zustande als Arbeiter!* Ein leidenschaftlich Liebender wird einen guten Diener stets darin übertreffen, wenn es darum geht, Ihm zu gefallen.

Der Wille Gottes

Gewöhnlich denken wir, der Wille Gottes sei etwas Statisches – fest und unveränderlich. Wir verbinden ihn vorwiegend mit besonderen Ereignissen zu bestimmten Zeiten. Das Element, das bei unserem Verständnis dieses Themas jedoch fehlt, ist *unsere Rolle beim Ausführen Seines Willens*.

Als Gott drauf und dran war, Israel zu vernichten, sagte Er Mose, er solle aus dem Weg gehen, weil Er im Sinn habe, das Volk zu töten, das Mose aus Ägypten in die Wüste geführt hatte. Mose erinnerte dann Gott daran, dass dies ja nicht sein Volk sei, sondern das Volk Gottes, und nicht nur das: nicht er habe das Volk aus Ägypten geführt, sondern Gott! Gott reagierte, indem Er grundsätzlich Mose Recht gab, und versprach ihm dann, es nicht zu töten. Das Erstaunliche daran ist nicht so sehr, dass Gott Seinen Sinn änderte und Israel verschonte, sondern vielmehr, dass Er *erwartete*, dass Mose in den Ratschluss seines Willens eintreten würde, *und Mose verstand das*. Abraham war ein weiterer, der dies begriff. Alle diese Bundesfreunde Gottes schienen durch die ganze Geschichte hindurch ein allgemeines Bewusstsein von Gottes Erwartung gehabt zu haben, nämlich, dass sie an der Demonstration Seines Willens *beteiligt seien*, um das Ergebnis einer Angelegenheit zu beeinflussen. Sie verstanden, dass die Verantwortung auf ihren Schultern ruhte und dass sie vor Gott handeln mussten, um zu bekommen, was die Leute benötigten. Die priesterliche Rolle eines Fürbitters wurde nie klarer veranschaulicht. Der vorrangige Zweck Seines Willens war nicht, Israel zu vernichten oder eben auch nicht, sondern, Mose in den Prozess der Verwirklichung Seines Willens hereinzubekommen. Sein Wille konzentriert sich nicht immer auf Ereignisse; er konzentriert sich vielmehr auf Seine Freunde, die sich in Seine Nähe begeben und ihre Rolle als Gottes Delegierte erfüllen. *Der Wille Gottes ist ebenso Prozess wie Ergebnis – oft fließend, nicht statisch.*

Der Blankoscheck

Als Kinder träumten viele von uns davon, einen bestimmten Wunsch gewährt zu bekommen. Salomo bekam den »einen Wunsch«. Als Gott Salomo erschien und ihm diese Gelegenheit gab, hob Er für immer die Latte unserer Erwartungen im Gebet an. Den Jüngern wurde derselbe »Wunsch« gewährt, nur auf bessere Weise. Statt eines einzelnen Blankoschecks erhielten sie eine unbegrenzte Versorgung mit Blankoschecks. Und diese Gabe wurde speziell im Kontext ihrer Freundschaft mit Gott gewährt.

Hinsichtlich ihrer Beförderung zur Freundschaft gab Jesus Seinen Jüngern diese erstaunliche Liste von Verheißungen. Jede Verheißung war ein Blankoscheck, durch den sie leben sollten und den sie ihr ganzes Leben hindurch zur Ausbreitung des Reiches Gottes verwenden sollten. Es sind folgende:

Wenn ihr in mir bleibt und meine Worte in euch bleiben, so werdet ihr bitten, was ihr wollt, und es wird euch zuteil werden. (Joh. 15,7)

Nicht ihr habt mich erwählt, sondern ich habe euch erwählt und euch dazu bestimmt, dass ihr hingeht und Frucht bringt und eure Frucht bleibt, damit der Vater euch gibt, was auch immer ihr ihn bitten werdet in meinem Namen. (Joh. 15,16)

Sooft ihr um (irgend) etwas bitten werdet und euch dabei auf Mich beruft, werde Ich es tun. (Joh. 14,14; Haller)

Und an jenem Tag werdet ihr mich nichts fragen. Wahrlich, wahrlich, ich sage euch: Was auch immer ihr den Vater bitten werdet in meinem Namen, er wird es euch geben! Bis jetzt habt ihr nichts in meinem Namen gebetet; bittet, so werdet ihr empfangen, damit eure Freude völlig wird! (Joh. 16,23-24)

Damit wir angemessen bekommen, was Jesus uns in diesen Versen anbietet, muss sich jedes roboterhafte Verständnis dessen, was es bedeutet, ein Nachfolger Gottes zu sein, ändern. Gott hatte nie die Absicht, dass der Gläubige eine Marionette an Seinen Fäden sein soll. Genau genommen macht Gott Sich verletzlich gegenüber den Wünschen Seines Volkes. Tatsächlich ist es so, als ob Gott zu dir sagen würde: »Wenn es für dich wichtig ist, dann ist es auch für Mich wichtig«.

Während viele in der Gemeinde auf das nächste Wort von Gott warten, wartet Er darauf, den Traum Seines Volkes zu hören. Er sehnt Sich danach, dass wir unsere Position einnehmen, nicht weil Er uns braucht, sondern weil Er uns liebt.

Ein Familientreffen

Meine Familie mütterlicherseits hatte in den frühen 90er Jahren ein Familientreffen. Etwa 160 Leute kamen aus der ganzen Welt herbei zu dem Lagerplatz, den wir im nördlichen Kalifornien gemietet hatten. Erstaunlicherweise repräsentierten sie 48 verschiedene Pastoren und Missionare.

Es sollte eines der bislang ungewöhnlichsten Treffen werden, und zwar wegen der außerordentlichen Anzahl von Dienern Gottes, die dabei waren. Aber es war sogar noch einzigartiger, weil es so ganz wie eine formelle Konferenz ablief. Es gab Versammlungen, Podiumsdiskussionen und dergleichen. Ich wurde sogar gebeten, ein Lied für dieses Ereignis zu schreiben, das aus dem alttestamentlichen Buch Zephanja stammte. Es war eine große Zeit des Feierns der Gnade Gottes über unserer Familie.

An einem der Abende hatte jemand einen Volkstanz geplant als erholsame Aktivität. Nun, ich tanze normalerweise nicht, es sei denn während der Anbetung. Es spielt für mich keine Rolle, ob es sich um einen Volkstanz handelt oder um das Tanzen in irgendeinem Nachtclub; ich tanze ganz einfach nicht. Ich finde es eine peinliche Aktivität. An der Junior Highschool nahm ich deshalb nicht am Volkstanz teil, weil ich dem Lehrer sagte, meine Gemeinde glaube nicht daran (was zum Teil stimmte). Und hier, bei diesem Familientreffen, war dieses peinliche Verhalten als eine Familienaktivität geplant. Wunderbar!

Als Beni, meine Frau, mich fragte, was ich nun tun würde, sagte ich ihr mit Nachdruck: »Ich tanze nicht!« Sie kannte bereits meine Gedanken und auf weise Art versuchte sie nicht das Unmögliche, also mich mit Zureden von einer solchen Idee abzubringen, so dass ich am Spaß der Familie würde teilnehmen können. (Eine der Stärken meiner Persönlichkeit ist es, dass ich meinen Sinn nicht leicht ändere. Es spielt keine Rolle, wer meine Position herausfordert. Ich gebe einfach nicht nach. Eine der Schwachheiten meiner Persönlichkeit ist es, dass ich meinen Sinn nicht leicht ändere...)

Wir gingen in die Halle, wo die Party schon in vollem Gange war, indem ganze Familien versuchten, miteinander zu tanzen. Es war lustig anzuschauen. Es war auch offensichtlich, welche Familien tatsächlichen wussten, was sie taten, und welche es nicht wussten. Wir lachten und sahen zu, wie die Leute einander auf die Füße traten, während sie ungeschickt versuchten, solch schwierige Bewegungen so rasch zu erlernen. Dann geschah das Unerwartete. Meine Tochter Leah, damals ungefähr 10 Jahre alt, fragte mich, ob ich mit ihr tanzen würde.

Ich bin dafür bekannt, dass ich unbeweglich bin. Einige Familienmitglieder nennen es dickköpfig; ich nenne es Entschiedenheit. Doch in diesem Augenblick hatte ich das Gefühl, aus dem Hinterhalt heraus überfallen worden zu sein. Meine Füße waren solide, mein Entschluss stand fest, und mein Argument war absolut unbeweglich. Doch Töchter, und besonders zehnjährige Töchter, haben eine Art, so etwas einfach dennoch hinzukriegen. Zu meinem Entsetzen hörte ich mich – ohne dass ich es wollte – sagen: »Ja«. Wo war meine Zähigkeit geblieben? Wie stand es um meine Entschlossenheit? Wo war meine Gabe der Sturheit, als ich sie am meisten brauchte? Ich weiß es bis heute nicht. Ich war von einem kleinen Mädchen in die Knie gezwungen worden. Wenige Augenblicke später befand ich mich auf der Tanzfläche und versuchte das, wovon ich wusste, es besser nicht zu versuchen. Doch der Blick in den Augen meines kleinen Mädchens sagte mir, dass alles gut war. Ihr Vergnügen verdrängte meine Verlegenheit bei weitem. Und ich verstand einmal mehr, wie Väter sich bereitwillig verletzlich machen für die Wünsche ihrer Kinder – und wie Gott Sich Selbst freudig verletzlich macht für die Wünsche Seines Volkes.

Gottes Souveränität

Es steht außer Frage, dass die Zeit, die wir mit Gott verbringen, unsere Wünsche verändert. Wir werden immer wie das, was wir anbeten. Doch das ist nicht etwa deshalb so, weil wir programmiert worden wären, nach den Dingen zu verlangen, von denen Er möchte, dass wir sie uns wünschen; nein, *sondern weil wir aus Freundschaft die Dinge entdecken, die Ihm gefallen – die geheimen Dinge Seines Herzens. Es ist der Instinkt des wahren Gläubigen, das zu suchen und herauszufinden, was dem Vater Vergnügen bereitet.* Unsere Natur verändert sich wirklich bei der Bekehrung. Es ist unsere neue Natur, danach zu trachten, Gott zu erkennen und Ihm mit unseren Gedanken, Ambitionen und Wünschen zu gefallen.

Diejenigen, die mit solchen Gedanken die größten Schwierigkeiten haben, sind die, die es für einen Angriff auf die Lehre von der Souveränität Gottes halten. Es besteht keine Frage: Gott ist souverän. Doch Seine Stellung der Herrschaft wird durch unseren Auftrag, mit Christus zusammenzuarbeiten, nicht in Frage gestellt. Eines meiner Lieblingszitate zu diesem Thema stammt von meinem lieben Freund Jack Taylor. Er sagt: *»Gott ist sich so sicher in Seiner Souveränität, dass er keine Angst davor hat, nicht souverän auszusehen«.*

Jedes Verlangen hat einen Vater

Eine gute Art, sich den Inhalt des Wortes Verlangen (engl. *desire*) zu merken, ist die, es in Silben aufzubrechen: »De« bedeutet »von«. Und »sire« bedeutet »Vater«. Alles Verlangen bedeutet demnach »von dem Vater«. Die Frage sollte nicht lauten: »Stammen meine Wünsche von Gott?«. Die Frage sollte lauten: »Mit was oder mit wem hatte ich Gemeinschaft?« Ich kann mit Gott oder mit dem Feind Gemeinschaft haben. Wenn ich mir Zeit nehme, über eine Beleidigung nachzudenken, die ich vor einigen Jahren erlebt habe, dann fange ich an, mich zu fragen, ob Gott je die Person gerichtet hat, und das Verlangen nach Rechtfertigung und Vergeltung wird sich in meinem Herzen rühren. Warum? Weil ich Gemeinschaft hatte mit dem *Vater* der Bitterkeit, und diese Wünsche sind *Kinder,* die in meinem Herzen gebildet wurden.

Wenn die Gemeinschaft mit dem Bösen ein böses Verlangen in uns hervorbringen kann, wieviel mehr sollte man dann nicht sagen können, dass Zeit mit Gott in uns Wünsche hervorruft, welche die Ewigkeit im Sinn haben und Ihm letztlich Ehre einbringen? Was man sich merken muss, ist folgendes: Diese Wünsche sind nicht auf Befehl dort; sie sind in unserem Herzen wegen unserer Gemeinschaft mit Gott. Sie sind die Sprösslinge unserer Beziehung mit Ihm.

Der Hauptzweck dieses Buches besteht darin, Gläubige zu lehren und zu ermutigen, von den Wünschen zu leben, die durch ihre intime Gemeinschaft mit dem Herrn geboren werden. Viele Gläubige halten wenig von ihren Gefühlen, indem sie automatisch versuchen, sich all dessen zu entledigen, was sie sich wünschen, um dadurch ihre Hingabe an den Herrn unter Beweis zu stellen. Ihr selbstloses Vorgehen schießt über den Willen Gottes hinaus und verleugnet im Grunde die Tatsache, dass Gott der Vater von Träumen und Fähigkeiten in ihrem Innersten ist. Das hört sich äußerlich betrachtet gut an, weil es ein selbstloser religiöser Anreiz zu sein scheint, aber es arbeitet innerlich gegen Gottes Absichten. Die meisten sehen noch immer nicht den Unterschied zwischen dem Eintreten hinein in Gottes Königreich und dem Leben im Königreich. Wir betreten es auf einem geraden und schmalen Weg, indem wir sagen: »Nicht mein, sondern dein Wille geschehe«. Das einzige Tor ist Christus Jesus. Der einzige Weg, Leben in Christus zu finden, ist der, in eine vollständige Hingabe an Ihn zu gelangen.

Doch Leben im Königreich, das nach dem engen Eingang zur Errettung kommt, ist völlig anders. Es ist im Innern größer als außen. Hier hören wir, wie der Herr sagt, wir seien nicht mehr Knechte, sondern Freunde. In diesem Zusammenhang sagt Er, der Vater werde uns geben, was immer wir uns wünschen. Die Betonung liegt auf »was ihr wünscht«. Es ist wichtig, dass wir den Zusammenhang nicht vergessen, sonst werden wir nur noch mehr selbstsüchtige Leute hervorbringen, die Christus bekennen. *Genauso wie das Kreuz der Auferstehung vorausgeht, so geht unsere Hingabe an Seinen Willen dem, dass Gott sich auch für unseren interessiert, voraus.* Doch hat auch die gegenteilige Betonung ihre Gefahren – *wenn wir nie Menschen eines Verlangens werden, werden wir nie Christus auf Erden angemessen und wirksam repräsentieren können.*

Der Baum des Lebens

»… ein erfüllter Wunsch aber ist ein Baum des Lebens« (Spr. 13,12). Salomo machte diese erstaunliche Aussage. Wenn irgendjemand qualifiziert war, über erfüllte persönliche Wünsche zu sprechen, dann war das Salomo. In 2. Chronik 7,11 heißt es: »... und alles, was Salomo im Sinn gehabt hatte... das war ihm gelungen«. Wir dürfen nicht zulassen, dass sein Ungehorsam im späteren Leben uns von den tiefgründigen Lektionen ablenkt, die er durch seinen Gehorsam in seinem früheren Leben gelernt hat. Er erlebte die Kraft, dass seine im Herzen hingebungsvoll empfundenen Wünsche erfüllt wurden.

Salomos Worte führen uns zum Thema vom Baum des Lebens in der Paradieserzählung von 1. Mose zurück. Salomo verband Adam und Eva mit der Ewigkeit. (Nachdem sie von der verbotenen Frucht gegessen hatten, bewachte der Engel des Herrn den Zugang zum Baum des Lebens, sodass Adam und Eva nicht mehr von seiner Frucht essen konnten; der Baum machte alles ewig, was ihn berührte. Es hätte auch ihren sündigen Zustand fortdauernd gemacht – ein ewiger, unverbesserlicher Zustand). Hier wird uns gesagt, ein Gläubiger werde den Baum des Lebens erleben, wenn seine Wünsche erfüllt würden. Das beinhaltet, dass diejenigen, die das Wunder erfüllter Wünsche in Christus kosten, durch diese Erfüllung eine ewige Perspektive und Identität geschenkt bekommen werden. Der Prozess der Hingabe, der persönlichen Umwandlung und erfüllter Wünsche ist die Schulungsgrundlage dafür, um ewig mit Christus zu herrschen.

In Johannes 16,24 heißt es, dass Gott unsere Wünsche (Gebete) erhören möchte, »... damit eure Freude völlig wird!« bzw. »Eure Freude soll (dadurch) ihr größtmögliches Ausmaß erreichen« (Joh. 16,24; *Haller*). Kein Wunder, dass es in der Gemeinde so wenig Freude gegeben hat. Freude ist das Ergebnis unseres erlösten Herzens, welches in der Teilnahme an Gottes sich durch Gebet entfaltendem Plan für die Erde schwelgt. Um es noch spezifischer auszudrücken: Die Freude kommt dadurch zustande, dass unsere Gebete erhört worden sind.

Erhörte Gebete, besonders diejenigen, die ein übernatürliches Eingreifen erfordern, machen uns glücklich! Und es macht Spaß, mit glücklichen Leuten zusammen zu sein. Vielleicht wurde Jesus deshalb »Freund der Sünder« genannt (vgl. Lk. 7,34). Seine Freude übertraf alle, die um Ihn herumstanden. Augenblick für Augenblick, Tag für Tag erlebte Er, wie Seine Gebete durch Seinen himmlischen Vater erhört wurden. Seine Freude war das, was viele als extrem bezeichnen würden. In Lukas 10,21 heißt es: »Jesus jubelte im Geist«. Das Wort »jubelte« in diesem Kontext meint, »jauchzen und hüpfen vor Freude«. Selbst die Nähe von Jesus brachte Freude. Johannes der Täufer hüpfte im Leib seiner Mutter, weil Maria, die mit Jesus schwanger war, den Raum betrat. Jesu Freude ist ansteckend und sollte wieder das Merkmal wahrer Gläubiger werden.

David setzt eine neue Hochwasser-Marke

Ein außergewöhnliches Beispiel für erfüllte Träume wird durch Salomos Bau eines Tempels illustriert, den sein Vater David geplant hatte. Der Bau und die Einweihung des Tempels Salomos ist eines der bedeutendsten Ereignisse in der Bibel. Und doch sagte Salomo bei der Einweihung des Tempels:

»Gepriesen sei der Herr, der Gott Israels, der zu meinem Vater David durch seinen Mund geredet und es auch durch seine Hand erfüllt hat, indem er sagte: »Seit dem Tag, da ich mein Volk Israel aus Ägypten herausführte, habe ich unter allen Stämmen Israels niemals eine Stadt erwählt, dass mir dort ein Haus gebaut würde, damit mein Name dort wäre; aber ich habe David erwählt, dass er über mein Volk Israel herrsche«. Nun lag es zwar meinem Vater David am Herzen, dem Namen des Herrn, des Gottes Israels, ein Haus zu bauen.« (1. Kön. 8,15-17)

Gott sagte, Er habe keine Stadt erwählt, sondern Er habe einen Mann erwählt, und die Idee für einen Tempel sei im Herzen eines Menschen entstanden. *Gott sagte grundsätzlich: Der Tempel war nicht meine Idee. David war meine Idee.* Unglaublich! Davids Kreativität und seine Wünsche halfen Geschichte zu schreiben, weil Gott sie guthieß. David gab uns viele Königreichsprinzipien, welche die Richtung anzeigen, in der wir leben sollen. Es ist, als wollte er sagen: »Träumer! Kommt! Lasst uns zusammen träumen und den Bericht von der menschlichen Geschichte schreiben«. Du bist Gottes Idee und Er sehnt sich danach, den Schatz zu sehen, der in deinem Herzen ist. Wenn wir lernen, mit Gott zu träumen, werden wir Mitarbeiter mit Ihm.

Adam – der erste Mitarbeiter

Gott übertrug Adam die Aufgabe, allen Tieren einen Namen zu geben (vgl. 1. Mose 2,19). Namen hatten in jenen Tagen eine viel größere Bedeutung, weil sie das Wesen von etwas darstellten. Ich glaube, dass Adam im Grunde jedem Tier sein wahres Wesen zuwies, seinen Bereich von Autorität und seine Dimension der Herrlichkeit, die es genießen sollte. *In Wirklichkeit sollte Adams Aufgabe mithelfen, die Natur der Welt zu definieren, in der er leben sollte. Diese Mitarbeiterrolle war eine kreative, eine schöpferische Rolle, eine Ergänzung zu Gott, dem Schöpfer.* Gott bringt uns nicht deshalb in diese Situationen hinein, weil Er es nicht selbst tun könnte. Es entzückt ihn einfach zu sehen, wie alles, was Er machte, in seine Identität in Ihm hineinfindet, indem es Seinen göttlichen Vorsatz empfängt. Wenn wir das Vorrecht wahrnehmen, einen schöpferischen Ausdruck anzunehmen, entsprechen wir der Tatsache, dass wir im Ebenbild unseres Schöpfers gemacht wurden.

Das Werkzeug, das Geschichte schreibt

Die King-James-Bibel stellt in der Weise, in der sie Markus 11,24 übersetzt, die Rolle unserer Wünsche heraus: »Darum sage ich euch: Alles, was ihr auch immer im Gebet **ersehnt**, glaubt, dass ihr es empfangt, so wird es euch zuteil werden«. Wir sollen unseren Gefühlen Aufmerksamkeit schenken, *während wir die Gegenwart Gottes im Gebet genießen:* Etwas geschieht in unserer Zeit der Gemeinschaft mit Ihm, was unsere Fähigkeit belebt, zu träumen, zu ersehnen und zu wünschen. Unser Denken wird durch die göttliche Begegnung erneuert und wird zu einer perfekten Leinwand, auf der Er malen kann. Wir werden Mitarbeiter mit ihm im Meisterplan für den Planeten Erde. Unsere Träume sind nicht von Gott unabhängig, sondern – im Gegenteil – existieren gerade wegen Gott. Er stellt die Agenda auf – *wie im Himmel so auch auf Erden* – und dann setzt Er uns frei, um mit ihr zu laufen und sie zu verwirklichen! Während wir in der Intimität zu Ihm wachsen, ist das, was in unserem Leben geschieht, mehr das Ergebnis unserer Wünsche, als einfach dies, dass wir besondere Befehle vom Himmel empfangen und ihnen gehorchen. Gott liebt es, auf unseren Wünschen und unserem Verlangen aufzubauen, so wie Er Davids Wunsch nach einem Tempel annahm.

Diese Wahrheit ist von unserer Perspektive aus riskant, weil wir diejenigen sehen, die unabhängig von Gott leben und die nur möchten, dass Er ihre Wünsche verwirklichen soll. Doch wahre Gnade schafft immer einen Platz für diejenigen, die Böses in ihrem Herzen haben, damit es durch vermehrte Gelegenheiten an die Oberfläche kommt. Doch der Reichtum dieser Wahrheit ist es wert, ihr nachzuspüren, trotz der wahrgenommenen Gefahr, weil nur diese Wahrheit die Gemeinde befähigt, durch das Mitarbeiten mit dem Herrn in ihre volle Bestimmung zu gelangen.

Diese göttliche Bestimmung wurde durch den Psalmisten angekündigt, lange bevor das Blut Jesu sie zu einem möglichen Lebensstil machte: »Habe deine Lust am Herrn, so wird er dir geben, was dein Herz begehrt!« (Ps. 37,4).

Träumer sind hier willkommen

Wir wurden geboren, um zu erschaffen, zu bauen und voranzukommen. Um Erfolg zu haben, bedarf es einer fortwährenden Darlegung übernatürlicher Weisheit. Weisheit, sowie ihr einzigartiger Ausdruck, ist der Schwerpunkt im nächsten Kapitel.

Kapitel 2

Die kreative Ader

Wenn Ungläubige in Sachen Erfindungen und künstlerischem Ausdruck die Führung übernehmen, dann nur deshalb, weil die Gemeinde eine falsche Art von Geistlichkeit angenommen hat.

Einer der Hauptaspekte der Tatsache, dass wir im Bilde Gottes geschaffen wurden, ist die Fähigkeit zu träumen. Es ist eine von Gott geschenkte Gabe. Doch töten viele Gläubige bei ihrem Versuch Gott zu gefallen genau diese Fähigkeit, die Er ihnen gegeben hat. Sie argumentieren: »Um Gott wirklich gefallen zu können, muss ich alles loswerden, was mit dem Ich zu tun hat«. Für viele klingt das geistlich, aber es ist trotzdem mehr buddhistisch als christlich. Wenn wir einem solchen Denken zu lange folgen, landen wir bei kastrierten Gläubigen. Selbstverstümmelung braucht nicht körperlich zu sein, um einer Perversion gleichzukommen. Jedes Mal, wenn wir versuchen, etwas wegzuschneiden, das Gott in uns hineingelegt hat, geraten wir in eine Art von Geistlichkeit, welche die Schrift nicht unterstützt, und fördern einen Geist, der dagegen arbeitet, dass wir ein wahrhaft wirksames Zeugnis haben. Es ist nicht weise, den auferstandenen Menschen zu kreuzigen und dies Jüngerschaft zu nennen. Das Kreuz ist nicht für den neuen Menschen, sondern für den alten (Röm. 6,5-9).

Viele haben sogar gebetet: »Nichts von mir, alles von Dir«. Gott hatte nichts von uns, d. h. keinen von uns, bevor wir geboren wurden, und das gefiel ihm nicht. Er schuf uns zu Seinem Vergnügen. Ein besseres Gebet würde lauten: »Alles von mir, gedeckt durch alles von Dir!« Selbst die Aussage von Johannes dem Täufer: »Er muss zunehmen, ich aber muss abnehmen« wird oft falsch angewendet, um eine Form des Christentums herauszustellen, die sich selbst herabwürdigt. Beachte den Kontext: Er gab den Stab an Jesus weiter. Seine Aufgabe war es, den Weg für den Messias vorzubereiten. Es war für ihn wichtig, dass er aus dem Weg trat, da er den alttestamentlichen prophetischen Dienst abschloss. Jesus würde die Erfüllung all dessen bringen, was alle Propheten angekündigt hatten, und Gottes manifeste Herrschaft auf Erden aufrichten. Johannes der Täufer gab den Stab an Jesus weiter, der ihn seinerseits an uns weitergab, *damit wir zunehmen würden*.

Diese Verwirrung hinsichtlich unseres Wertes und unserer Identität ist in Erweckungszeiten manchmal höchst akut, da die Ausgießung des Heiligen Geistes stets eine vertiefte Wahrnehmung unserer Sündhaftigkeit mit sich bringt. Einige der großartigsten geistlichen Lieder über das Bekennen von Fehlverhalten und Reue wurden in solchen Zeiten geschrieben. Aber eine anfängliche Offenbarung von unserer Sünde und Unwürdigkeit ist nur die eine Seite der notwendigen Gleichung. Die meisten Erweckungen kommen über diesen Punkt nicht hinaus und können so nicht zu einer Konsolidierung einer göttlichen Bewegung beitragen, die sich nämlich erst dann einstellt, wenn das Ganze zu einem Lebensstil wird. Es ist schwierig, etwas Substanzielles auf etwas Negatives aufzubauen. Die andere Seite der Gleichung besteht darin, wie *heilig* Er Sich zu unseren Gunsten erweist. Sobald man dies erkennt, ändert sich die Wahrnehmung unserer Identität und unser Glaube erfasst den eigentlichen Plan, die große Absicht hinter unserer Errettung. Irgendwann müssen wir den Punkt hinter uns lassen, dass wir »begnadigte Sünder« sind. In dem Maße, wie wir es lernen, unsere Stellung in Christus konkret auszuleben, werden wir die mächtigste Frucht und Ernte aller Zeiten hervorbringen.

Die ganze Kirchengeschichte hindurch wurden Menschen ihrer von Gott geschenkten Gaben, Talente und Wünsche beraubt, und zwar unter dem Vorwand der *Hingabe an Christus*. Diese reduzierte Version von Christentum hält die Gläubigen vom Dienst fern und delegiert dieses Vorrecht an eine gewisse Klasse von Christen, die wir dann »Diener Gottes« nennen. Die gewöhnliche Rolle des Gläubigen wird auf die finanzielle und emotionale Unterstützung derer, die in einem öffentlichen Amt stehen, reduziert. Ohne erfüllte Träume und Wünsche zu arbeiten heißt, sich zum Partner des religiösen Geistes zu erklären, der die Routine ohne einen bestimmten Zweck hochhält und dies dann Leiden nennt. Die Ehre des Gebens zur Förderung des Dienstes darf nicht unterschätzt werden, doch deren Betonung sollte nie auf Kosten des Einzelnen geschehen, der seinen eigenen schöpferischen Ausdruck des Evangeliums beiträgt, indem er seine von Gott geschenkten Träume und Wünsche verwirklicht.

Wie der Vater, so der Sohn und die Tochter

Unser himmlischer Vater ist der Schöpfer von allem und der Geber aller guten Gaben. Seine Kinder sollten sein Ebenbild tragen, was bedeutet, dass sie ebenfalls kreativ sein sollten. Wenn Ungläubige bei Erfindungen und künstlerischen Ausdrucksformen die Richtung angeben, dann deshalb, weil die Gemeinde eine falsche Art von Geistlichkeit angenommen hat. Sie lebt dann nicht in einer echten Königreichsmentalität, nämlich, mit einem erneuerten Denken.[1] Der erneuerte Verstand begreift, dass die Herrschaft des Königs auf allen Ebenen der Gesellschaft durchgesetzt werden muss, damit ein wirksames Zeugnis stattfinden kann. Jemand mit einer Königreichsmentalität sieht die überwältigenden Nöte der Welt und sagt: »Gott hat eine Lösung für dieses Problem. Und ich habe einen rechtmäßigen Zugang zu Seinem Geheimnisbereich. Darum werde ich Ihn um eine Antwort ersuchen«. Mit einer Königreichsperspektive werden wir zu einer Antwort auf eine ganz ähnliche Weise wie es Joseph und Daniel für ihre Könige zu ihrer Zeit wurden.

Um frei zu sein, mit Gott zu träumen, müssen wir lernen, ein Mitarbeiter zu sein. Der Wunsch eines wahren Gläubigen ist niemals Unabhängigkeit von Gott. Das Ziel besteht nicht darin, Wege herauszufinden, um Gottes Denken zu beeinflussen, als hätte Er irgendeinen Beitrag nötig. Stattdessen geht es vielmehr darum, Ihn gut zu vertreten. Zu lernen, wie man Sein Herz auf instinktive und angemessene Weise zur Darstellung bringt – das ist die Leidenschaft eines wahren Liebhabers Gottes. Sein Herz sehnt sich

---

[1] Mehr zu diesem Thema in meinem Buch *Neues Denken – Neue Vollmacht. Wie man zu einem Leben voller Wunder kommt.* Vaihingen/Enz 2007.

danach, alle Menschen zu erretten, und die Werkzeuge, um Seine Güte zu zeigen, sind auf herrliche Weise vielfältig und reichen in die tief im Herzen empfundenen Bedürfnisse jedes Einzelnen hinein. Nur göttliche Weisheit kann dieser Herausforderung begegnen.

Die Träume Gottes für diese Welt kennen zu lernen ist unser Ausgangspunkt. Träumen kann kostspielig sein. Wir wissen, dass der Traum des Vaters, die Menschheit zu erlösen, Ihn das Leben Seines Sohnes kostete. Dennoch, sich mit Ihm in Seinen Träumen partnerschaftlich zu verbinden, wird in uns eine neue Fähigkeit freisetzen, nämlich wie Er zu träumen.

Weisheit erschafft

Weisheit und schöpferische Fähigkeit (Kreativität) sind in der Bibel miteinander verwandte Themen. Im Grunde ist die schöpferische Fähigkeit eine Erscheinungsform der Weisheit im Kontext von Vortrefflichkeit und Integrität. Die Weisheit wird in Sprüche 8 personifiziert und ist die Gefährtin Gottes bei der Erschaffung aller Dinge. Deshalb dürfen Weisheit und schöpferische Kraft in der Vorstellung des Gläubigen nicht voneinander getrennt werden. Sie sind die entscheidenden Werkzeuge, die notwendig sind, unsere Bestimmung, ein wirksames Zeugnis für die Verlorenen zu sein, zu vervollständigen. Es ist die Weisheit, die für die Verlorenen unsere Rolle in dieser Welt begehrenswert macht. Während die meisten Christen der Weisheit eine gewisse Wertschätzung entgegenbringen, haben die wenigsten eine entsprechende Wertschätzung für die Rolle der Kreativität in ihren von Gott verliehenen Verantwortungsbereichen. Und dennoch ist es die Kreativität, welche das Vorhandensein von Weisheit illustriert: »Und doch ist die Weisheit gerechtfertigt worden von allen ihren Kindern« (Lk. 7,35).

Die sechs Tage der Schöpfung waren die wunderbarste Entfaltung von Weisheit und Kunst, die überhaupt nur denkbar ist. Als Gott sprach, wurden die Welten gemacht. Licht und Schönheit, Klang und Farbe flossen nahtlos zusammen, als die Weisheit die Grenzen für die Schöpfung selbst festlegte. Salomo, der Mann, der für seine übernatürliche Weisheit bekannt war, beschreibt die »mitarbeitende« Wirkung, welche die Weisheit an diesem Tag hatte:

»... als er den Grund der Erde legte, da war ich Werkmeister bei ihm, war Tag für Tag seine Wonne und freute mich vor seinem Angesicht allezeit; ich freute mich auf seinem Erdkreis und hatte meine Wonne an den Menschenkindern.« (Spr. 8,29-31)

Der Weisheit wird ein handwerklicher Titel verliehen: »Werkmeister«. Beachte die sogar noch machtvolleren Wendungen: »ich freute mich vor seinem Angesicht allezeit«, »ich freute mich auf seinem Erdkreis« und »hatte meine Wonne an den Menschenkindern«. Die Weisheit ist nicht stoisch, wie sie oft dargestellt wird. Sie macht mehr als glücklich, sie ist ihrer Natur nach feierlich und findet Vergnügen im Akt des Erschaffens. Doch ihr größtes Entzücken gilt uns! Sie hat eine vollkommene Kameradschaft mit der Menschheit geschlossen. Wir sind geboren, um Partner der Weisheit zu sein – um in ihr zu leben und sie durch schöpferische Ausdrucksformen zur Schau zu stellen.

Die Weisheit, der Werkmeister

Die erste Person, von der in der Schrift berichtet wird, dass sie mit dem Heiligen Geist erfüllt war, war Bezalel. Er wurde berufen, einem Bauprojekt für Mose vorzustehen. Sein Auftrag war es, Gott ein Haus zu bauen, damit Er unter Seinem Volk wohnen konnte. Gott offenbarte, wie Sein Haus aussehen sollte, aber eine besondere »Gabe der Weisheit« war nötig, um zu wissen, »wie« dies bewerkstelligt werden sollte. Darum ging es, als Bezalel ins Bild trat. Er wurde mit übernatürlicher Weisheit ausgestattet, um die Aufgabe mit künstlerischer Vortrefflichkeit zu vollbringen. Es war Weisheit, die ihn dazu qualifizierte, diese Aufgabe zu übernehmen, und es war ebenfalls Weisheit, die ihn als Künstler und Kunsthandwerksmeister befähigte, zu entwerfen und zu bauen, was in Gottes Herzen war.

Achte auf die fettgedruckten Stellen in den folgenden Versen. Es ist der Ursprung und die Wirkung des Erfülltseins mit dem Heiligen Geist:

*»(Ich) **habe ihn mit dem Geist Gottes erfüllt**, mit **Weisheit, Verstand und Können** und **für jedes Kunsthandwerk, Pläne zu entwerfen**, um in Gold, Silber und Bronze zu arbeiten. Auch mit der Fertigkeit zum Schneiden von Steinen zum Einsetzen und mit der Holzschnitzerei habe ich ihn begabt, damit er in jedem **Handwerk** arbeiten kann.«* (Ex. 31,3-5)

*»Darauf sagte Mose zu den Söhnen Israel: Seht, der Herr hat Bezalel, den Sohn Uris, des Sohnes Hurs, vom Stamm Juda, mit Namen berufen **und ihn mit dem Geist Gottes erfüllt**, mit Kunstfertigkeit, Verstand und Können und für jedes **Kunsthandwerk**, und zwar **Pläne zu entwerfen**, um in Gold, Silber und Bronze zu arbeiten. Auch im Schneiden von Steinen zum Einsetzen und mit der Holzschnitzerei hat er ihn begabt, damit er in jedem **künstlerischen** Werk arbeiten kann. Dazu hat er ihm die Gabe zu unterweisen ins Herz gelegt, ihm und Oholiab, dem Sohn des Ahisamach, vom Stamm Dan. Er hat sie **mit Weisheit des Herzens erfüllt**, damit sie **jeden Plan** eines Kunsthandwerkers oder Kunststickers oder Buntwirkers **ausführen können**, mit violettem und rotem Purpur, Karmesinstoff und Byssus, und die des Webers; die Arbeit derer, die allerlei Arbeiten ausführen und **Pläne ersinnen**.«* (Ex. 35, 30-35)

Pläne, Einsicht und künstlerisches Werk sind einige der Charakteristiken von Weisheit in diesem Kapitel. Das ist ein Teil dessen, wie das Erfülltsein mit dem Geist in den Tagen Moses aussah. Das Neue Testament fügt das Element der Kraft hinzu, weil jeder Gläubige jetzt durch die Ausgießung des Heiligen Geistes Zugang zum Wunderbereich hat. Diese neue Betonung macht aber nicht die ursprüngliche Offenbarung zu diesem Thema zunichte, sondern benutzt sie als Fundament, um darauf aufzubauen. *Wenn wir beides kombinieren, erhalten wir Gläubige, die in Weisheit wan-*

deln, die einen praktischen Beitrag leisten für die Bedürfnisse der Gesellschaft, die auch die Unmöglichkeiten des Lebens mit der bereitgestellten Segensfülle von Golgatha konfrontieren und Lösungen herbeiführen durch eine übernatürliche Demonstration von Wundern, Zeichen und Kraftwirkungen. Vielleicht sind es diese zwei Dinge, die im Tandem zusammenarbeiten, die man als *das ausgewogene Christenleben betrachten könnte.*

Der Krieg der Kunst

> *»Und ich hob meine Augen auf und schaute, und siehe, vier Hörner. Und ich fragte den Engel, der mit mir redete: Was bedeuten diese? Er sprach zu mir: Das sind die Hörner, welche Juda, Israel und Jerusalem zerstreut haben. Da ließ mich der Herr vier Schmiede sehen. Und ich fragte: Was wollen diese tun? Er sprach: Jene sind die Hörner, welche Juda so versprengt haben, dass niemand mehr sein Haupt erheben durfte; diese aber sind gekommen, um sie abzuschrecken und die Hörner der Heidenvölker niederzuwerfen, die das Horn gegen das Land Juda erhoben haben, um es zu zerstreuen!«* (Sach. 2,1-4)

Dies ist einer der alarmierenden Abschnitte in der Bibel. Nicht weil er von geistlicher Kriegsführung handelt, sondern weil Gottes Werkzeuge zum Sieg für die meisten von uns heute nicht mehr allgemeines Wissen darstellen.

In diesen Versen wird das Volk Gottes von unterdrückenden Autoritäten und Mächten (Hörnern) terrorisiert und zerstreut. Hoffnungslosigkeit ist das Thema des Tages und die Zuversicht, dass Gott mit ihnen ist, befindet sich auf dem tiefsten Stand aller Zeiten. Der Gott aller Weisheit beleuchtet eine Wahrheit, die das Volk Gottes für Seine Endzeitpläne aufwecken soll. Er schickt Seine Armeen aus, um die militärischen Festungen niederzureißen. Wer sind seine Soldaten? Handwerker! Seit Gott einen Chor[2] in den Krieg schickte, hat es keine ungeheuerlichere Strategie für den

---

2 Selbst ein Chor ist ein künstlerischer Ausdruck (vgl. 1 Chr. 20,21)!

Kampf gegeben. Dies ist ein Plan, den nur die Weisheit entwerfen konnte.

Wenn die Kreativität der normale Ausdruck des Volkes Gottes ist, dann gibt es etwas, das allen passiert, die sich Ihm widersetzen. Sie werden entmutigt. Der Teufel selbst hat überhaupt keine kreativen Fähigkeiten. Er kann lediglich das, was Gott geschaffen hat, verdrehen und entstellen. Gott wird durch Seine Werke erkannt. Wenn Seine Werke durch Seine Kinder strömen, wird ihre Identität offenbart und es gibt eine unausweichliche Offenbarung des Wesens Gottes im Land. Er ist für diejenigen unwiderstehlich, die Augen haben, um zu sehen.

Die vier Handwerker oder Facharbeiter waren Gottes Antwort auf die vier Hörner, die versuchten, Sein Volk zu zerstreuen. Diejenigen, die sich der fachkundigen Weisheit (dem künstlerischen Ausdruck) hingeben, werden die Festungen unterdrückender Mächte demontieren. Sie werden sie nicht nur in einem militärischen Sinn überwältigen, sie werden übernatürliche und falsche Mächte bis ins Innerste erschrecken! Das ist die Mission und das Ergebnis von Gottes Endzeitstrategie, das Weltsystem mit fachkundiger Weisheit zu infiltrieren – mit Weisheit von oben.

Facharbeiter sind nicht bloß Holzarbeiter oder Maler. Auch bezieht sich dieser Titel nicht nur auf Schauspieler und Musiker. Jeder, der seine von Gott gegebene Aufgabe mit *Vortrefflichkeit, Kreativität und Integrität* ausführt, ist im biblischen Sinn ein Facharbeiter. Lehrer, Geschäftsleute, Ärzte, Juristen und alle, die ihre Gaben an die Vorsätze Gottes übergeben haben, müssen göttliche Weisheit an den Tag legen. Der Widerstand, der uns umgibt, scheint groß zu sein, aber er kann der Demonstration des Volkes Gottes nicht standhalten, das seine große Kriegswaffe schwingt. Von der Hausfrau bis zum Gehirnchirurgen, vom Prediger bis zum Professor müssen alle mit dem Heiligen Geist erfüllt sein, bis wir für unsere Weisheit bekannt geworden sind, indem wir so die Häupter der *Königinnen von Saba* aufs Neue umdrehen (vgl. 1. Kön. 10,1-10). Sie reiste eine riesige Strecke, nur um die außerordentliche Weisheit Salomos zu sehen. Die Bibel sagt uns, dass in den letzten Tagen die Nationen zu Seiner heiligen Nation kommen werden und sie bitten werden, sie das Wort des Herrn zu lehren (vgl. Micha 4,1-2). Ist es möglich, dass dies ihre Antwort darauf ist, dass sie uns mit dem Heiligen Geist erfüllt sehen, bis Seine Weisheit zum Vorschein kommt? Ich denke ja.

Das Wesen der Weisheit

Die weltliche Definition von Weisheit konzentriert sich auf das Erlangen und die Verwendung von Wissen. Das ist nicht falsch, es ist bloß irreführend. Die Gemeinde hat diese unvollständige Definition übernommen, indem sie nach einer Weisheit strebt, die keine Seele hat. Die biblische Weisheit sieht die Dinge aus einer göttlichen Perspektive. Sie ist der kreative Ausdruck Gottes, indem sie praktische Lösungen für die Probleme des täglichen Lebens bereitstellt.

Neben Jesus war Salomo der weiseste Mensch, der je gelebt hat. Er zog die Aufmerksamkeit einer ganzen Generation auf sich. Die Leute bewunderten seine Gabe. Die Königshäuser anderer Nationen beneideten seine Diener, die das Vorrecht hatten, dieser Gabe täglich beiwohnen zu dürfen. Ein Diener in der Gegenwart der Weisheit ist besser dran als ein König ohne Weisheit. Die Königin von Saba war verblüfft, wie die Weisheit einfache Dinge wie Kleidung, Gebäude und dergleichen beeinflusste. Prüfe einmal ihre Einschätzung:

> *»Als nun die Königin von Saba die Weisheit Salomos sah und das Haus, das er gebaut hatte, und die Speise auf seinem Tisch, die Wohnung seiner Knechte und das Auftreten seiner Dienerschaft und ihre Kleidung, auch seine Mundschenke und ihre Kleidung und auch seinen Aufgang, auf dem er zum Haus des Herrn hinaufzugehen pflegte, da geriet sie außer sich vor Staunen.«* (2. Chr. 9,3f)

Die Auswirkungen seiner Gaben führten Israel in die größte Zeit von Frieden und Wohlstand, die es je gekannt hatte. Weisheit veränderte durch einen einzigen Menschen eine ganze Nation. Was könnte geschehen, wenn Millionen diese von Gott geschenkte Gelegenheit ergreifen?

Die Weisheit Gottes wird aufs Neue in seinem Volk reflektiert werden. Die Gemeinde, die im Augenblick verachtet wird, wird aufs Neue geehrt und bewundert werden. Die Gemeinde wird aufs Neue zu einem Lobpreis auf Erden werden (vgl. Jer. 33, 9).

Die Manifestationen der Weisheit sind unterschiedlich. Doch wie wir zuvor erwähnten, kann ihr Wesen an drei Worten erkannt werden – Integrität, Kreativität und Vortrefflichkeit. Göttliche Weisheit entspringt der *Integrität* und wird durch einen *kreativen Ausdruck* manifest, wobei *Vortrefflichkeit* ihr Standard ist. Wo immer wir uns in einer dieser drei Ausdrucksformen bewegen und vorfinden, werden wir von der göttlichen Weisheit berührt.

Untersuchen wir einmal die drei Charakteristika der göttlichen Weisheit:[3]

Integrität – a. Die Einhaltung von moralischen und ethischen Prinzipien; Gesundheit des moralischen Charakters; Ehrlichkeit. b. Der Zustand, in dem man ganz, vollständig und ungeschmälert ist. c. Ein gesundes, unbeeinträchtigtes und vollkommenes Befinden. *Synonyme:* Ehrlichkeit, Wahrheit, Wahrhaftigkeit, Ehre, Aufrichtigkeit, Zuverlässigkeit und Geradheit.

Integrität ist der Ausdruck von Gottes Charakter, der in uns geoffenbart wird; und dieser Charakter ist die Schönheit Seiner Vollkommenheit – Seiner Heiligkeit. Heiligkeit ist das Wesen Seiner Natur. Sie ist nicht etwas, das Er tut oder nicht tut. Es ist das, was Er ist. Genauso ist es mit uns. Wir sind heilig, weil die Natur Gottes in uns ist. Es beginnt damit, dass unser Herz auf Gott hin ausgesondert wird und zeigt sich daran, dass die Christusnatur durch uns zum Ausdruck gebracht wird.

Kreativität – a. Der Zustand oder die Qualität, kreativ zu sein. b. Die Fähigkeit, traditionelle Vorstellungen, Regeln, Muster, Bezie-

---

3 Diese Definitionen finden sich im Random House Dictionary, die synonyme im Microsoft Word Encarta World Dictionary.

hungen oder ähnliches zu überschreiten und bedeutsame neue Ideen, Formen, Methoden, Interpretationen etc. zu schaffen; Originalität, Progressivität oder Vorstellungskraft. c. Der Prozess, durch den man schöpferische Fähigkeiten anwendet. *Synonyme:* Originalität, Imagination, Inspiration, Einfallsreichtum, Erfindungsgabe, Genialität, Schaffenskraft und Vision.

Die Kreativität zeigt sich nicht nur in einer vollen Wiederherstellung der Künste; sie ist die Natur Seines Volkes, die sich dadurch ausdrückt, dass sie neue und bessere Wege findet, die Dinge auf jedem Gebiet ihres Einflussbereiches zu tun. Es ist eine Schande für die Gemeinde, wenn sie in das ausgefahrene Gleis der Voraussagbarkeit fällt und das dann »Tradition« nennt.

Wir müssen offenbaren, wer unser Vater ist, und zwar durch eine kreative Ausdrucksweise. Wir werden nicht dadurch kulturell relevant, wenn wir wie die Kultur werden, sondern vielmehr dadurch, dass wir das gestalten, wonach die Kultur hungert, es zu werden.

Die Gemeinde wird oft dadurch schuldig, dass sie Kreativität vermeidet, weil diese Veränderungen erfordert. Der Widerstand gegenüber Veränderungen ist in Wirklichkeit ein Widerstand gegen die Natur Gottes. Die Aussage: »Denn ich, der Herr, ändere mich nicht« (Mal. 3,6) bezieht sich auf Seine Natur, die vollkommen und unwandelbar ist. Und doch tut Er immer wieder etwas Neues. Wenn die Winde der Veränderung wehen, wird es leicht, zwischen denen zu unterscheiden, die zufrieden, und denen, die hungrig sind. Veränderungen bringen die Geheimnisse des Herzens ans Licht.

Vortrefflichkeit – a. Die Tatsache oder der Zustand, hervorragend zu sein; Überlegenheit; Einmaligkeit. b. Eine ausgezeichnete Qualität oder Eigenschaft. *Synonyme:* Feinheit, Brillanz, Überlegenheit, Auszeichnung, Qualität und Verdienst.

Vortrefflichkeit ist der hohe Standard, der für persönliche Leistungen gesetzt worden ist, wegen der Tatsache, wer wir in Gott sind, und wer Gott in uns ist. Sie ist nicht dasselbe wie der Perfektionismus. Der Perfektionismus ist die grausame Fälschung der Vortrefflichkeit, die aus einem religiösen Geist hervorgeht.

Vortrefflichkeit ist unmöglich ohne Leidenschaft. Ein vortreffliches Herz für Gott scheint für Außenstehende eine Verschwendung zu sein. In Matthäus 26,8 lesen wir davon, wie Maria ein Salböl über Jesus gießt, das dem Wert eines vollen Jahreslohnes entspricht. Die Jünger waren der Ansicht, es wäre besser verwendet worden, wenn man es verkauft und den Erlös den Armen gegeben hätte. Doch die Handlungsweise von Maria war für Gott so wertvoll, dass Er sagte, ihre Geschichte werde überall in der Welt, wo das Evangelium verkündet wird, erzählt werden (vgl. Mt. 26,13).

In gleicher Weise verhielt sich König David extravagant, als er seine königlichen Gewänder auszog und wild vor Gott tanzte und sich so vor dem ganzen Volk erniedrigte (vgl. 2. Sam. 6,14-23). Seine Frau, Michal, verachtete ihn deswegen. Als Folge davon gebar sie keine Kinder bis zum Tage ihres Todes, sei es aus Unfruchtbarkeit oder aus einem Mangel an ehelicher Intimität mit David. Wie auch immer, es war *ein tragischer Verlust, da Stolz die Fruchtbarkeit zerstört und das Herz echter Vortrefflichkeit attackiert.* Ihr biblischer Nachruf beschreibt sie als *Sauls Tochter*, nicht als Frau von David. Ihre Verwerfung des großmütigen Herzens Gott gegenüber führte dazu, dass sie zu denen gezählt wurde, die Gott verwarf.

David andererseits war fruchtbar in allem, was er in seine Hände nahm. Er war Gott gegenüber extravagant. Indem wir dieser Tugend nachstreben, sollen wir großmütig leben, *indem wir alles zur Ehre Gottes tun, mit aller unserer Macht*. Solcherart ist das Herz der Vortrefflichkeit.

Unsere Disqualifikation disqualifizieren

Viele fühlen sich von der Kreativität disqualifiziert, weil sie diese engherzig auf die Welt der Kunst und Musik begrenzt haben. Es gelingt ihnen nicht zu erkennen, dass jedermann ein gewisses Maß an Kreativität besitzt, die konsequent durch das Leben hindurch zum Ausdruck gebracht werden sollte.

Jeder Fünfjährige ist ein Künstler. Es ist ein Ausdruck seiner Neigung, etwas zu erschaffen. Doch irgendetwas geschieht, sobald er in die Volksschule eintritt. Viele erzieherische Systeme begrenzen die Definition von Kreativität so weit, dass sie nur diejenigen einschließt, die zeichnen oder malen. Zum Zeitpunkt, da die Kinder etwa zehn Jahre alt werden, betrachtet man nur noch sehr wenige als Künstler, eben wegen dieser engen Definition. Die an Gottes Königreich orientierten Lehrer von heute müssen den Wert echter Weisheit ergreifen und die kreativen Fähigkeiten der Kinder außerhalb des traditionellen Rahmens, den man »Kunst« nennt, entwickeln. Es ist göttliche Weisheit, die in Form von Kreativität zur Darstellung gebracht wird, welche Einzelne in den Vordergrund seines oder ihres Einflussbereichs bringt.

Es gibt andere, die sich disqualifiziert fühlen, weil sie glauben, Kreativität bedeute stets, dass wir etwas Neues machen oder etwas Neuartiges bringen sollten. In Wirklichkeit sind jedoch die meisten großen Ideen im Grunde die Abkömmlinge anderer Konzepte. Vor Jahren kaufte ich aus einer Laune heraus ein Jazz-Album. Ich wartete gespannt auf etwas Frisches und Neues, als ich die Platte auf den Plattenteller legte. Aber ich wurde schrecklich enttäuscht. Es klang so, als würde ein Kind zufällig auf ein Piano einhämmern, es gab keine Melodien oder Harmonien, keinen festen Rhythmus, nichts, das dem Ganzen irgendeinen Zweck oder eine Richtung gab. Zufällig stieß ich dann etwa ein Jahr später auf einen Magazinartikel vom selben Musiker. In diesem Magazin beschrieb er einen bestimmten Abschnitt seines Lebens, in welchem er versucht hatte, vollständig originell zu sein, ohne sich von einem anderen Musiker beeinflussen zu lassen. Er sprach diesbezüglich von einer dunklen Zeit seines Lebens. Es war für mich klar, dass ich *die schlechte Frucht aus seiner schlechten Zeit* gekauft hatte. Er fuhr fort, das zu erklären, was für mich zu einer tiefgründigen Lektion über Kreativität wurde. *Er sagte, um wirklich kreativ zu sein, habe er zu dem zurückkehren müssen, was er von anderen gelernt hatte, um dies dann als Plattform benutzen, von der aus er kreativ sein konnte.*

Es ist die Weisheit, die irgendeinen alltäglichen Gegenstand oder ein Konzept aufgreifen und darauf aufbauen kann, indem sie etwas Neues und Besseres schafft. Das ist genau das, was Salomo tat. Alle Könige seiner Zeit hatten Kelchträger, Knechte, Banketttische und nette Bekleidung für ihre Knechte. Aber da war etwas an seinem Gebrauch von Weisheit in Bezug auf das alltägliche Leben, das ihn hoch über den Rest hinaushob. Die Königin von Saba wurde sprachlos als Reaktion auf Salomos Weisheit. Es ist Zeit, dass die Gemeinde eine Weisheit entfaltet, die die Welt dazu bringt, aufs Neue den Mund zu halten.

Es gibt ein falsches Verständnis, das oft in der künstlerischen Gemeinschaft vorkommt: Kreativität müsse immer aus dem Schmerz hervorkommen. Es ist keine Frage, dass einige der größten Kunstwerke von Leuten stammen, die Schwierigkeiten im Leben hatten oder die eine der schlimmsten Tragödien erlebten. Die Wirklichkeit ist, dass es oft ein Trauma braucht, um eine Person an den Punkt zu bringen, wo sie die wahren Prioritäten des Lebens entdeckt. Der Gläubige jedoch braucht keine solche Erfahrung. Unsere alte Natur mit Christus gekreuzigt zu bekommen ist die einzige Tragödie, die nötig ist, um uns in die richtige Rolle kreativen Einflusses zu bringen.

Die Gemeinde bringt zum Ausdruck

> *»...damit jetzt den Gewalten und Mächten in der Himmelswelt durch die Gemeinde die mannigfaltige Weisheit Gottes zu erkennen gegeben werde, nach dem ewigen Vorsatz, den er verwirklicht hat in Christus Jesus, unserem Herrn.«* (Eph. 3,10-11)

Die Gemeinde hat einen klaren Auftrag: Wir sollen die vielfältige Weisheit Gottes zum Ausdruck bringen, und zwar *jetzt*! Sie muss alles durchdringen, was wir sind und tun. Dieses vernachlässigte Element liegt im Herzen unserer Berufung, alle Nationen zu Jüngern zu machen. Es ist ein Teil des »Zeugnisses«, welches die Köpfe der Menschen auf dieselbe Weise herumdreht, wie es bei den Nationen der Fall war, als sie von Salomos Weisheit beeindruckt wurden. Der Geistbereich beobachtet, und, was noch wichtiger ist, er wird durch diese Weisheitsentfaltung beeinflusst. Die bösen Geister müssen an ihre Niederlage, an unseren Sieg und an den ewigen Plan des Vaters für die Erlösten erinnert werden. Es ist unsere Verbindung mit der Weisheit, die klar unsere ewige Bestimmung des Herrschens mit Christus manifestiert. Wenn wir in Weisheit wandeln, spiegeln wir die Realität des Himmels hier auf Erden wieder und liefern im Grunde dem Himmel ein Ziel für seine Invasion. Auf dieselbe Weise befähigt unsere Übereinstimmung mit dem Teufel diesen, zu töten, zu stehlen und zu zerstören; so setzt die Übereinstimmung mit Gott unseren himmlischen Vater frei, Seinen Vorsatz in und durch uns in der Welt um uns herum zu vollbringen.[4] Das ist der Grund, warum Er die Menschheit zu Seiner delegierten Autorität auf diesem Planeten gemacht hat.[5]

Eine Reformation hat begonnen. Und im Zentrum dieser großen Bewegung des Geistes befindet sich die totale Verwandlung des Volkes Gottes, indem es seine wahre Identität und sein Ziel entdeckt. Ein großes Ziel löst ein großes Opfer aus. Bis zu diesem Zeitpunkt haben viele unserer Agenden versagt. Unsere Versuche, das Evangelium mundgerecht zu machen, hatten einen ernsthaften Einfluss auf die Welt um uns herum. Die Welt hatte sich nach einer Botschaft gesehnt, die sie *erfahren* konnte. Viele Gläubige jedoch haben einfach versucht, die gute Nachricht intellektuell attraktiver zu machen. Das muss aufhören! Der natürliche Sinn kann die Dinge des Geistes Gottes nicht empfangen (vgl. 1. Kor. 2,14). Die Weisheit Gottes ist für den Menschen Torheit. Es ist Zeit, dass wir aufs Neue bereit werden, töricht zu erscheinen, damit wir die Welt mit einer Botschaft der Kraft versorgen können, die befreit, umwandelt und heilt. Das ist wahre Weisheit. Sie allein befriedigt den Schrei des menschlichen Herzens.

---

4 Sofern man sagen kann, dass Gott begrenzt sei, so ist das eine selbstauferlegte Begrenzung bzw. Einschränkung.

5 Mehr zu diesem Thema in Kapitel 2 meines Buches *Und der Himmel bricht herein. Wie man ein Leben voller Wunder führt.*

Es gibt Melodien, die noch nie von einem menschlichen Ohr gehört worden sind, welche die Menschen auf die Knie bringen, damit sie sich Jesus ausliefern. Die Musiker müssen die musikalischen Klänge des Himmels hören und sie hier unten reproduzieren. Ich habe einen Freund, der ein wunderbarer Anbetungsleiter ist. Er wurde einmal in den Himmel hinaufgehoben, wo er ein Lied singen hörte, das er komponiert hatte. Er sagte freudig: »Hey, ihr singt eines meiner Lieder«. Doch der Engel antwortete: »Nein, wir ließen dich eines der unseren hören«.

Es gibt medizinische Geheimnisse, die nur ein Gebet weit davon entfernt sind, die Art zu revolutionieren, wie Menschen leben. Die Geschäfte bemühen sich Tag für Tag um Erfolg, wo doch die Gabe der Weisheit sie in tiefgreifende Positionen des Einflusses in einer Gemeinschaft bringen könnte. Die Politiker hören auf Ratgeber, wie der Wahlkampf am Besten geführt werden könnte. Und doch gibt es eine Weisheit in Gott, die so frisch und neu ist, dass sie ihnen bei ihren Wählern große Gunst vermitteln könnte. Es gibt Erziehungsmethoden, die in den Bereichen der Geheimnisse Gottes verborgen gehalten wurden. Er wartet schlicht darauf, dass einer der Seinen Ihn um Offenbarung bittet. Die Liste von himmlischen Antworten ist unbegrenzt. Er hält nach solchen Ausschau, die fragen.

Es gibt kein Versagen im Glauben

Viele sind entmutigt, weil ihre Träume versagt haben. In ihrem Schmerz und ihrer Frustration widersetzen sie sich der Botschaft, dass der Gläubige das Recht habe, zu träumen. »Hingezogene Hoffnung macht das Herz krank...« – doch der Vers hört dort nicht auf, und wir sollten das auch nicht: »...aber ein eingetroffener Wunsch ist ein Baum des Lebens« (Spr. 13,12).

Hier ist eine höhere Realität: Wenn Leute Träumen nachjagen, diese sich aber nicht erfüllen, dann bereiten sie den Weg für andere vor, die denselben Traum verfolgen, um schließlich den Durchbruch zu erleben, nach dem sie getrachtet haben. Es ist für viele schwer, in diesem Gedanken Trost zu finden, doch das ist nur deshalb so, weil wir gewöhnlich meinen, es gehe bei allem um uns. *Es gibt kein Versagen im Glauben.*

Oft wird ein tragischer Verlust hier auf Erden im Himmel ganz anders betrachtet. Was im Himmel geehrt wird, wird hier auf Erden häufig bemitleidet oder belächelt. Wenn eine Person stirbt, während sie versucht hat, einen echten Ausdruck des Glaubens zu leben, kritisieren die Leute oft die Torheit einer solchen Entscheidung. *Wenige erkennen, dass deren Verlust zur fruchtbaren Erde wurde, in welcher jemand anderes schließlich seinen Traum verwirklichen konnte, weil ihr Verlust im Grunde den Weg für einen Durchbruch ebnete.*

Diejenigen mit nicht verwirklichten Träumen können aus der Tatsache Trost gewinnen, dass sie anderen den Weg bereitet haben. Es ist eine Johannes-der-Täufer-Rolle. Er bereitete den Weg vor für Den, der kommen sollte. Unzählige Male durch die Geschichte hindurch hat es solche gegeben, die nie die Erfüllung ihrer Träume erlebten. Viele gelangen ans Ende ihres Lebens mit der überwältigenden eigenen Bilanzziehung, dass sie versagt hätten. *Zu unserem Schaden haben wir ohne das Bewusstsein gelebt, dass ein noch nicht erfolgreicher Versuch, einen Traum verwirklicht zu sehen, zum Fundament des Erfolgs von jemand anderem wird. Einige begießen, andere pflanzen und wieder andere ernten.* Wir alle spielen eine wichtige Rolle, um die Bühne für den König der Könige vorzubereiten, damit Er mehr Herrlichkeit bekommt. Es geht nur um Ihn, nicht um uns.

Das Natürlich veranschaulicht das Geistliche

In den 20er Jahren des letzten Jahrhunderts führte ein Mann namens Mallory eine Expedition, um als erster den Mount Everest zu besteigen. Er versuchte dieses Kunststück bei zwei verschiedenen Gelegenheiten, schaffte es aber nicht. Er kehrte zurück und versammelte das beste Team von verfügbaren Kletterern mit der besten Ausrüstung, die es damals gab. Sie schenkten den Details ihres Auftrages besondere Aufmerksamkeit und konzentrierten sich besonders auf Fragen der Sicherheit. Trotz ihrer Bemühungen ereilte sie eine Tragödie. Viele von der Expedition wurden von einer Lawine getötet, einschließlich Mallory. Nur ein paar überlebten.

Als diese nach England zurückkehrten, wurde ihnen zu Ehren ein Bankett gestiftet. Der Leiter der Überlebenden stand da und nahm den Applaus der Anwesenden entgegen. Er blickte auf die Bilder seiner Kameraden, die im ganzen Raum ausgestellt waren. Während er die Tränen unterdrückte, sprach er im Namen von Mallory und seiner Freunde: »Ich spreche zu dir, Mount Everest, im Namen aller tapferen Männer, die jetzt leben, und auch derer, die noch nicht geboren sind. Mount Everest, du hast uns einmal bezwungen, du hast uns zweimal bezwungen, du hast uns sogar dreimal bezwungen. Doch, Mount Everest, eines Tages werden wir dich bezwingen, weil du nicht größer werden kannst, aber wir können es!« Tod und Enttäuschung hätten das Ende dieses Bestrebens bedeuten können. Doch stattdessen wurden sie zum Fundament für zukünftige Erfolge.

Ein kleiner Teufel

Es besteht ein Berg von Widerstand gegen die Absichten Gottes für diese Welt. Das sind Fürstentümer, Gewalten, Weltbeherrscher dieser Finsternis und geistliche Mächte der Bosheit in himmlischen Regionen (vgl. Eph. 6,12). Doch der Dunkelbereich des Teufels wird nicht größer. Als er gegen Gott rebellierte, wurde er von seiner Lebensquelle entfernt. Er geht umher wie ein brüllender Löwe, und hofft, durch Lärm Menschen einzuschüchtern. Sein Lärm, der ständige Bericht von schlechten Nachrichten, soll die Illusion von Größe vermitteln. Doch dem ist nicht so.

Die Hölle ist nicht der Bereich, von dem aus Satan regiert. Sie ist nicht der Ort, wo er Leute hinbringt und sie in alle Ewigkeit quält. Es ist ein Ort ewiger Qual, der für ihn und seine Dämonen bestimmt ist. Diejenigen, die Sklaven des Teufels sind, werden dasselbe Schicksal erleiden.

Noch etwas anderes: Es entstehen keine neuen Dämonen. Es bewegt sich dieselbe Zahl rund um die Erde wie in den Tagen Jesu, aber die Menschheitsbevölkerung hat sich in die Milliarden vergrößert, wobei es Hunderte von Millionen Gläubige gibt. Darüber hinaus wissen wir aus der Schrift, dass jedem Dämon im Zahlenverhältnis zwei Engel gegenüberstehen. Und da Jesus alle Autorität besaß, ist für den Teufel keine mehr übrig geblieben. Diese »alle Autorität«, die Jesus besitzt, ist uns übergeben worden. Sein großer Plan ist nicht dazu gedacht, dass Er kommen und uns vom Teufel befreien muss. Die Pforten der Hölle werden einer voranschreitenden Gemeinde nicht standhalten können (vgl. Mt. 16,18). Jesu Autorität ist uns verliehen worden, dass wir damit große Taten vollbringen. Mit den böhmischen Brüdern des 18. Jahrhunderts lasst uns ausrufen: »Lasst uns für das Lamm den Lohn Seiner Leiden gewinnen!«

Unsere Berufung, göttlicher Weisheit nachzujagen, kommt mit dem Geheimnis. Das ist das Thema des nächsten Kapitels.

Kapitel 3

Der Wert des Geheimnisvollen

Gott verbirgt Dinge für uns, nicht vor uns

Ein intellektuelles Evangelium ist stets in Gefahr, einen Gott zu erschaffen, der ganz ähnlich aussieht wie wir; einer, der so groß ist wie wir. Das Suchen nach Antworten führt manchmal zu einer Verwerfung des Geheimnisvollen. Als Folge davon wird das Geheimnisvolle oft als etwas behandelt, das nicht hinnehmbar ist, anstatt es als einen echten Schatz zu sehen. Mit dem Geheimnisvollen zu leben ist das Privileg unseres Wandels mit Christus. Die Bedeutung dessen kann nicht überschätzt werden. Wenn ich alles verstehe, was in meinem Christenleben vor sich geht, dann habe ich ein minderwertiges Christenleben. Der Wandel des Glaubens besteht darin, dass wir gemäß der Offenbarung leben, die wir empfangen haben, inmitten all des Geheimnisvollen, das wir nicht erklären können. Darum wird das Christentum *der Glaube* genannt.

Allzu oft verlassen oder verwässern Gläubige ihre Berufung, um sich den Dingen gegenüber besser zu fühlen, die sie nicht erklären können. Doch wenn wir dem, was wir nicht beantworten können, erlauben, das zu verkleinern, was Er uns geschenkt hat, dann sind wir fleischlich gesinnt. Allzu viele gehorchen nur dem, was sie verstehen, womit sie Gott ihrer eigenen Beurteilung unterwerfen. Gott muss sich nicht vor uns rechtfertigen; aber wir vor Ihm. Echte *Kreuzesnachfolge* bedeutet, dass wir in den Bereichen gehorchen, in denen wir Offenbarung haben, trotz der scheinbaren Widersprüche in den Bereichen, die wir nicht erklären können. Nur dann zu gehorchen, wenn wir absehen können, dass es für uns vorteilhaft ausgehen wird, ist kein Gehorsam. Gehorsam muss kostspielig sein. Es bedeutet eine alles übersteigende Ehre, wenn wir das ergreifen, was Er uns gezeigt hat, und dem gehorchen, was Er uns befohlen hat, selbst wenn wir dabei häufig noch unbeantwortbare Fragen haben. Es ist ein großes Vorrecht, ein glaubender Gläubiger zu sein inmitten einer Kultur des Unglaubens. Wir müssen dieses Vorrecht freudig annehmen. Kein Christ sollte unbewegt bleiben bei der Frage des Herrn: »Wenn Ich wiederkomme, werde Ich da Glauben finden auf Erden?« Ich habe mir in meinem Herzen vorgenommen, Ihm wohlzugefallen, indem ich durch Glauben lebe.

Die Kraft des beleidigten Verstandes

Als Jesus den Eindruck hatte, es sei an der Zeit, in Seiner Heimatstadt Nazareth zu dienen, ging Er in die Synagoge. Als Er anfing, das Volk zu lehren, waren sie ziemlich erstaunt über Seine Weisheit. Auch waren sie sehr beeindruckt von den Heilungen, die sie sahen. Doch als ihnen bewusst wurde, dass sie Ihn ja kannten, dass sie ihn hatten aufwachsen sehen, wurden sie in ihren »Überlegungen« beleidigt. »Das ist doch Jesus. Wir kennen seine Brüder und Schwestern. Er ist hier aufgewachsen! Wie kann er sich so verhalten? Und woher hat er diese Weisheit?« Sie waren nicht im typischen Sinne beleidigt; ihre Gefühle wurden nicht verletzt, auch empfanden sie keine Bitterkeit. Sie konnten einfach nicht zwei und zwei zusammenzählen und zu der Schlussfolgerung gelangen, *dass ihr Jesus ein Wunderwirker und ein Mann von großer Weisheit war*. Es erfüllte sie nicht mit Erstaunen und Ehrfurcht. Stattdessen wurden sie hartherzig und verwarfen Ihn. Diese ungelöste Frage wurde zum verstandesmäßigen Stolperstein, der stark genug war, die Salbung Jesu, Wunder zu tun und mit Macht zu lehren, für sie zu beenden. Fragen zu haben, ist gesund; jedoch nicht, Gott als Geisel dieser Fragen zu halten. Manchmal schafft dies eine Atmosphäre, in der sich die Aussage des Unglaubens, die Kraft Gottes sei nicht mehr für heute, in einer »sich selbst erfüllenden Prophetie« bewahrheitet. Sie macht tragischerweise gerade die Salbung zunichte, die sie eines besseren hätte belehren können.

Etwas nicht zu verstehen ist okay. Aber es ist nicht okay, unser geistliches Leben auf das zu beschränken, was wir verstehen. Es ist bestenfalls Unreife. Ein solch kontrollierender Geist ist zerstörerisch für die Entwicklung einer christusähnlichen Natur. Gott reagiert auf Glauben, aber Er gibt unserer Forderung, dies kontrollieren zu wollen, nicht nach. Reife erfordert eine von Herzen kommende Annahme dessen, was wir nicht verstehen, und das ist ein wesentlicher Ausdruck des Glaubens.

Das Herz eines Menschen tritt viel klarer durch das in Erscheinung, was er bereit ist, ohne Anstoß zu akzeptieren, als dadurch, dass er seinem Glauben in den Bereichen Ausdruck verleiht, die er versteht.

Der Taube betet für Taube

Mein ältester Sohn Eric ist auf beiden Ohren zu 85-90 % taub. Er hat jedoch eine erstaunliche Gabe, das Leben zu meistern. Er kommt in der »hörenden Welt« wunderbar zurecht und musste nie eine Zeichensprache lernen. Seine Anpassungsfähigkeit grenzt an ein Wunder und sein Selbstbewusstsein wird von dieser Behinderung nicht beeinflusst. Er ist stark und Christus-zentriert. Er ist Pastor für Missionsangelegenheiten.

Vor einigen Jahren fastete und betete ich für seine Heilung und Gott sprach sehr klar zu mir, dass Er ihn heilen werde. Dies sei bereits in Seinem Erlösungswerk geschehen und werde zu meiner Lebenszeit noch sichtbar werden. Wir behandeln diese Sache nicht als eine Angelegenheit, die »irgendwann einmal in der Zukunft« eintreffen wird. Wir betrachten es als ein Wort, das *gerade jetzt* real ist. Dennoch kann er noch immer nicht ohne Hörhilfe hören.

Es ist interessant, dass die Heilung von Taubheit eines der häufigsten Wunder ist, die ich in meinen Versammlungen und in unserer Gemeinde erlebe. Noch interessanter ist es sogar, dass Eric in den letzten Monaten zwei Menschen, die taub waren, die Hände auflegte und Gott ihre Ohren öffnete. Wie konnte dies geschehen, ohne dass er zuerst geheilt wurde? Ich weiß es nicht. Doch ich weiß, dass ein verstandesmäßiger Anstoß, d.h. ein Stolpern über diesen scheinbaren Widerspruch in unserem Verstand, diese Salbung beenden würde. Das werden wir nicht zulassen. Eric und ich gehen in dem voran, was wir verstanden haben, in dem Wissen, dass Gott vollkommen treu und über alle Maßen hinaus gut ist, und zwar immer. Er ist es wert, dass wir Ihm vertrauen.

Wie wir lernen

Ich werde nie vergessen, wie Gott zum ersten Mal anfing, mir die Schrift zu offenbaren. Während ich las, hüpfte mein Herz in mir angesichts des Reichtums dessen, was ich da las. Aber ich hätte nicht über diesen besonderen Abschnitt lehren können, selbst wenn mein Leben davon abgehangen hätte. Denn mein Geist war am Lernen und mein Verstand musste noch warten. Der Verstand wird durch das Erleben von göttlichen Begegnungen und übernatürlichen Erlebnissen geschult, die durch die Offenbarungen aus der Schrift ausgelöst werden. Eine Offenbarung, die nicht zu einer geistlichen Begegnung führt, wird uns lediglich religiöser machen und uns lehren, äußere Standards ohne die internen Realitäten zu übernehmen.

Gott ist nicht gegen den Verstand; Er schuf den Verstand als eine Ergänzung zu allem anderen, was Er erschaffen hat. Er widersteht nur dem unerneuerten Verstand. Denn dieser befindet sich im Kampf gegen Gott, weil er unfähig ist, Ihm zu gehorchen (vgl. Röm. 8,7). Der Gläubige, der sein Christenleben vom Verstand bestimmen lässt, ist jener fleischliche Christ, vor dem der Apostel Paulus gewarnt hat (vgl. 1. Kor. 2-3). Die Seele[6] kann uns nur in eine religiöse Form ohne Kraft führen. Das ist die Art und Weise, wie Ismaels entstehen statt Isaaks.[7]

Es ist wichtig, dass wir den Lernprozess verstehen. Unser Geist ist der Ort, an dem der Heilige Geist wohnt. Unser Geist ist lebendig und gut und ist bereit, große Dinge von Gott zu empfangen. Wenn ich alles durch meinen Verstand filtere und das beseitige, was nicht unmittelbar logisch ist, dann nehme ich vieles von dem weg, was ich wirklich brauche. Nur das, was über mein Verständnis hinausgeht, ist imstande, meinen Sinn zu erneuern (vgl. Phil. 4,7). Wenn wir mehr über die aktuelle Stimme und Gegenwart des Herrn lernen, werden wir aufhören, so paranoid zu sein, zu glauben, dass wir von den Dingen verführt werden könnten, die wir nicht verstehen.

---

6   Die gebräuchlichste Definition der Seele ist Verstand, Wille und Gefühle.
7   Ismael war der Sohn von Abrahams Anstrengung, während Isaak der Sohn von Gottes Verheißung war.

Gewöhnlich sind diejenigen, die den natürlichen Verstand gebrauchen, um sich selbst vor Verführung zu schützen, solche, die schon am meisten verführt sind. Sie haben sich auf ihre eigene begrenzte Logik und Vernunft verlassen, um sich zu schützen, was an sich schon eine Verführung ist. Gewöhnlich haben diese Leute für alles eine Erklärung, was in ihrem Wandel mit dem Herrn geschieht, aber sie kritisieren diejenigen, die ein Verlangen nach mehr haben.

Unser Herz kann Dinge erfassen, die unser Kopf nicht begreift. Unser Herz kann uns dorthin führen, wo sich unsere Logik nie hinwagen würde. Niemand hat jemals dem Intellekt oder der Kraft menschlicher Vernunft die Charakterzüge von Mut und Tapferkeit zugeschrieben. Mut entspringt dem Inneren und übt seinen Einfluss über den Verstand aus. In gleicher Weise beeinflusst echter Glaube den Verstand. Der Glaube kommt nicht aus unserem Verstehen. Er kommt aus dem Herzen. Wir glauben nicht, weil wir verstehen; wir verstehen, weil wir glauben (vgl. Hebr. 11,6). Wir werden wissen, wann unser Verstand wirklich erneuert worden ist, weil dann das Unmögliche plötzlich logisch erscheint.

Das Geheimnisvolle – ein Kreuz für den Verstand

Was wir nicht verstehen, ist manchmal ebenso wichtig wie das, was wir begreifen. Es ist eine Sache, Ihm zu gehorchen, wenn Er uns in einer bestimmten Sache Verständnis geschenkt hat, aber etwas ganz anderes ist es, Ihm zu gehorchen, wenn wir Fragen und Umständen gegenüberstehen, die dem, was wir verstehen, zu widersprechen scheinen. So viele versagen an diesem Punkt und ziehen dann die Bibel auf die Ebene ihrer Erfahrung herunter. Viele tun dies, um sich bei der Tatsache besser zu fühlen, dass sie in einem Kompromiss leben – einem Kompromiss hinsichtlich ihrer Offenbarung aus der Schrift. Stattdessen sind wir dazu berufen, unseren Lebensstil auf den Standard von Gottes Wort anzuheben.

Die Offenbarung[8] mit der einen Hand und das Geheimnisvolle mit der anderen zu ergreifen – das zusammen bildet ein vollkom-

---

8 Mehr dazu in Kapitel 7: »Der Geist der Offenbarung«

menes Kreuz. Es ist ein Kreuz, das jeder zu tragen hat, der danach hungert, die Werke Jesu zu tun. Gott muss gegen unsere Logik verstoßen, um uns von der Verführung wegzulocken, uns auf unseren eigenen Verstand zu verlassen.

Gott verbirgt Dinge, damit sie gefunden werden

Als meine Kinder noch klein waren, versteckten wir die Ostereier so, dass sie von ihnen gefunden werden konnten. Der Schwierigkeitsgrad bei der Suche stieg mit dem Alter und die Fähigkeiten des Kindes. Wir gingen nicht ins Freie, gruben ein metertiefes Loch und versteckten dort ein Schokoladenei in der Annahme, dass ein Zweijähriger es finden würde. Als meine Kinder noch sehr klein waren, legten wir das Ei auf einen Tisch oder auf einen Stuhl. Als sie dann älter wurden, machten wir es etwas schwieriger, aber nie unmöglich. Eltern haben Freude an der Neugierde ihrer Kinder und genießen den Spaß, den ihre Kinder daran haben, Dinge zu entdecken. Die Kinder sind glücklich über die Bestätigung, die sie durch das Entzücken der Eltern bei ihrer Suche und Entdeckungsreise erhalten »... Sucht, und ihr werdet finden« (Mt. 7,7). Diese Neugierde und das Entzücken bei der Entdeckung sind als Teil dessen gedacht, was es bedeutet, »Gott zu suchen« (Hebr. 11,6), als auch, »das Reich Gottes wie ein kleines Kind zu empfangen« (Lk. 18,17).

> *»Gottes Ehre ist es, eine Sache zu verbergen, aber der Könige Ehre, eine Sache zu erforschen.«* (Spr. 25,2)

Die Leute fragen sich oft, warum Gott nicht stets in einfacherer Form spricht – hörbar, mit sichtbaren Zeichen und auf andere Weise. Ich weiß nicht, wie oder warum es so funktioniert, aber die Bibel weist darauf hin, *dass Gott mehr Ehre empfängt, wenn Er etwas verbirgt, als dann, wenn Er die Dinge offensichtlich macht.* Es ist ehrenvoller für Ihn, etwas zu verbergen, so dass wir es suchen müssen. In der Einleitung zum Gleichnis vom Samen und vom Sämann erfahren wir, dass Jesus nicht einfach Gleichnisse und

Illustrationen benutzte, sondern zuweilen die Wahrheit so verbarg, dass nur die Hungrigen sie verstehen konnten (vgl. Mt. 13,11.18-23). Es ist Gottes Barmherzigkeit, eine Offenbarung vor denen zu verbergen, die nicht nach der Wahrheit hungern, denn, wenn sie nicht hungrig danach sind, besteht die Chance, dass sie ihr nicht gehorchen, wenn sie sie hören. Offenbarung bringt stets Verantwortung mit sich, und es ist der Hunger, der unsere Herzen bereit macht, das Gewicht dieser Verantwortung zu tragen. Indem Gott denen, die keinen Hunger haben, die Offenbarung entzieht, schützt Er sie im Grunde vor dem Versagen, der Verantwortung nicht gerecht zu werden, die die Offenbarung ihnen auferlegen würde. So verbirgt Er sie vor ihnen. Und doch verbirgt Er sie nicht vor uns; er verbirgt sie *für* uns.

Aber da gibt es noch einen anderen Aspekt: »...[es ist] der Könige Ehre, eine Sache zu erforschen«. Wir sind für unseren Gott Könige und Priester (vgl. Offb. 1,6). Unsere königliche Identität erstrahlt nie heller als dann, wenn wir verborgene Dinge mit dem Vertrauen verfolgen, dass wir rechtmäßigen Zugang zu solchen Dingen haben. Geheimnisse sind unser Erbteil. Unser Königtum, unsere Rolle des Herrschens und Regierens mit Christus,[9] tritt hervor, wenn wir bei Ihm nach Antworten suchen für die Probleme der Welt um uns herum.

Jesus antwortete ihnen: »Weil es euch gegeben ist, die Geheimnisse des Reiches der Himmel zu erkennen, ihnen aber ist es nicht gegeben« (Mt. 13,11). Wir als Gläubige haben rechtmäßigen Zugang zum Bereich der Geheimnisse Gottes. So einfach ist es. Die verborgenen Dinge sind so angeordnet worden, dass sie geradezu darauf warten, dass der Gläubige sie entdeckt. Sie gehören durch das Erbe uns.

---

9 Es ist wichtig, hier anzumerken, dass Herrschen bzw. Regieren aus Gottes Perspektive bedeutet, der Diener aller zu sein. Zu viele haben die Theologie des Herrschens bejaht und sie als Rechtfertigung dafür verwendet, auf genau die Weise über andere zu herrschen, vor der uns Jesus gewarnt hat. Unsere Aufgabe zu allen Zeiten war es zu dienen, und sie ist es noch heute.

Die Wahrheit in Spannung

Es ist sehr schwer, sich vorzustellen, wie die Gemeinde auf die Fragen des Lebens Antworten gibt, wenn vieles von unserer Endzeitlehre davon ausgeht, dass die Zustände in der Welt immer schlimmer werden. Wenn wir ebenfalls glauben, dass die Dunkelheit der Weltumstände das Zeichen für die Wiederkunft Christi sei, dann haben wir einen Konflikt, der uns letztlich eine praktische Vision kostet – nämlich diejenige, das Weltsystem zu durchdringen und umzuwandeln. Es ist nicht meine Absicht, zu erklären, wann oder wie Jesus für Seine Gemeinde wiederkommen wird. Worauf ich jedoch hinauswill, ist, zu zeigen, dass falsche Annahmen bezüglich dessen, was nicht klar und offensichtlich ist, uns für das Offensichtliche verhärten können.[10] Wenn wir uns anmaßen, wir wüssten, was bestimmte Sinn- bzw. Schattenbilder bedeuten, welche die alttestamentlichen Schriftpropheten verwendeten, dann kann dies unser Verständnis von den klaren Geboten des Herrn auf falsche Weise beeinflussen. Ein falsches Interpretieren dessen, wann und wie Er wiederkommt, kann unseren Gehorsam gegenüber Jesu Missionsbefehl unterminieren.

Jesus kehrt zu einer makellosen Braut zurück, deren Leib in gleicher Proportion zu ihrem Haupt steht. Der Vater allein weiß, wann dieser Moment gekommen ist. Wir wissen es nicht. Unsere Aufgabe ist es, alles nur Mögliche zu unternehmen, um Folgendes zustande zu bringen: »Dein Reich komme, Dein Wille geschehe, wie im Himmel, so auch auf Erden«. Wenn mein Glaube an Seine Wiederkunft seinen Anker in der Finsternis der Welt um mich herum eingeschlagen hat, werde ich wenig tun, um die Welt da draußen zu verändern. Natürlich werden wir versuchen, Menschen zu Chri-

---

[10] Einer der Kardinalfehler der Endzeittheologie resultiert aus deren Praxis, Typen und Schattenbilder (das, was nicht klar und offensichtlich ist) derart zu interpretieren und zu bemühen, bis diese die klaren und deutlichen Gebote des Herrn (das Offensichtliche) umdeuten. So wissen Viele viel besser Bescheid über Gog und Magog, das Zehn-Nationen-Bündnis, die siebenjährige Trübsalszeit, den Antichristen, etc. als über die einfache Anweisung des Herrn, zu beten, dass Gottes Wille geschehe »wie im Himmel, so auch auf Erden«.

stus zu führen, doch es wird dann nicht unsere Priorität sein, Antworten auf die herausfordernden Fragen dieses Planeten zu finden. Und doch ist dies ein praktisches Werkzeug, das die Herzen der Könige von heute wenden wird (vgl. Spr. 22,29).

Unser Auftrag ist klar: Wir sollen Nationen zu Jüngern machen! Und um sicher zu gehen, dass diese scheinbar unmögliche Aufgabe möglich sein wird, sorgte Er dafür, dass der, der »das Verlangen der Nationen« genannt wird, in uns wohnt. Dieses Offenbarwerden von Ihm ist letztlich ein Offenbarwerden von uns, denn wir sind Sein Leib. Die Tatsache, dass wir in Seinem Bilde geschaffen sind, verschafft uns das Vorrecht und die Verantwortung, der Welt um uns herum Seine Größe wiederzuspiegeln. Die Nationen halten Ausschau nach Menschen, die Antworten auf die herausfordernden Fragen geben können, denen sich die Welt gegenübersieht.

Hannas Geheimnis

Hannas Mutterleib war verschlossen. Sie war unfruchtbar und ohne Hoffnung, je Kinder zu gebären, es sei denn durch ein Wunder. So grausam dies für den natürlichen Menschen klingen mag: Gott benutzte dies, um sie zu ihrem größten Erfolg zu bringen. In ihrer Unfruchtbarkeit entwickelte sie ein verzweifelt-sehnsüchtiges Herz. Die Absicht einer Verheißung besteht nicht darin, uns zu inspirieren, Strategien und Pläne zu entwerfen, sondern bewirkt stattdessen, dass wir geradezu verzweifelt sehnsüchtig darauf warten, dass Gott sich zeigt. Das bedeutet, dass Unfruchtbarkeit auf irgendeinem Gebiet für uns eine Einladung dazu ist, uns auszuzeichnen. Hanna wurde eine Mitarbeiterin Gottes, indem sie ihre eigene Bestimmung erfüllte. Salomo stellt fest: »Ein Erbe, das hastig erlangt wird im Anfang, dessen Ende wird nicht gesegnet sein« (Spr. 20, 21). Nicht alles wird uns leicht zuteil, und das soll es auch nicht. Der Gott, der Dinge für uns verbirgt, gibt uns auch Sein Königtum als unser Erbe. Israel wurde das verheißene Land geschenkt, doch wurde den Israeliten gesagt, sie würden es nur Schritt für Schritt einnehmen, damit die wilden Tiere für sie nicht zu zahlreich würden. Seine Verheißungen decken alles ab – sie sind Ja und Amen!

(vgl. 2. Kor. 1,20). Alles wird durch das erlösende Werk des Kreuzes abgedeckt, aber wir erlangen es nur Schritt für Schritt, manchmal durch unsere Bemühungen als Gottes Mitarbeiter.

Das wurde für mich zu einer großen persönlichen Lektion in meiner Suche nach Wundern. Mario Murillo hat mehr getan, um die Leidenschaft eines Erweckungspredigers in meinem Leben zu entzünden als irgendein anderer Mensch. Fast 20 Jahre ist es her, dass ich ihn über das Leben von Wundern befragt habe, indem ich ihm auch meine Frustration anvertraute, dass ich zwar die Theorie, aber keine Frucht kenne. Ich war damals noch nie Zeuge davon gewesen, wie jemand geheilt wurde, auch wenn ich es oft versucht hatte. Er ermutigte mich durch eines der machtvollsten prophetischen Worte, die ich je in meinem ganzen Leben gehört habe. Darin sprach der Herr von Seiner Absicht, Wunder zu einem regelmäßigen Teil meines Lebens zu machen. Ich habe viele Jahre lang hinsichtlich dieser Verheißung gebetet. In den letzten Jahren habe ich erlebt, wie Tausende von Menschen geheilt wurden.

Mario und seine Frau Mechelle kamen kürzlich zum Mittagessen zu uns nach Hause. Ich zeigte ihm das prophetische Wort, das er im Jahre 1988 über mir ausgesprochen hatte. Ich tat dies, um ihm gegenüber meinen Dank zum Ausdruck zu bringen, dass er für mich eine solche Ermutigung war. Da erwähnte er die Geschichte von Hanna und ihrem verschlossenen Mutterleib. Er sagte, Gott habe den Bereich des Wunderbaren mir gegenüber nicht als Strafe vorübergehend verschlossen, sondern um mich zu dem verzweifelten Verlangen zu bringen, das notwendig sei, um es als Lebensstil aufrechtzuerhalten, sobald ich meinen Durchbruch erleben würde. Es war eine lange und schmerzliche Lektion. Aber ich bestand sie. Und ich denke, ich verstehe es jetzt wirklich.

Marias Geheimnis

Maria, die Mutter Jesu, lebte auf eine sehr beachtenswerte Weise mit dem Geheimnisvollen. Sie trug mehr als irgendjemand sonst Erweckung in sich, da Jesus die personifizierte Erweckung ist.

DER WERT DES GEHEIMNISVOLLEN

Maria wurde das höchste Geheimnis anvertraut – sowohl im Wort, als auch in der Erfahrung.

Maria gebar Jesus, wie es der Engel Gabriel angekündigt hatte. Sie erwog die Dinge in ihrem Herzen, die diejenigen äußerten, welche die Bestimmung und die Gottheit Jesu erkannten. Das Wort »Dinge« in dieser Geschichte ist in der Ursprache das Wort »rhemata«, das ist der Plural von »rhema«, was wiederum »das frisch gesprochene Wort Gottes« bedeutet. Sie erwog die Dinge, die von Gott zu ihr gesprochen wurden, auch wenn sie sie nicht verstehen konnte. Ihr Erwägen schaffte Platz, sodass sich Wurzeln bilden und festsetzen konnten, und das Wort wuchs, bis die Verheißung sichtbar wurde. Gottes Wort wächst im Herzen des hingegebenen Gläubigen.

Ihre Begegnung mit dem Geheimnisvollen lässt sich auf folgende Weise zusammenfassen:

1. Als junges Mädchen hatte Maria eine Begegnung mit dem Engel Gabriel.

2. Gabriel gab Maria ein Wort, das unverständlich war; sie sollte dem Messias das Leben schenken, obwohl sie Jungfrau blieb – eine in der Bibel noch nicht vorgekommene Erfahrung.

3. Sie gab sich dem hin, was ihr unverständlich war, indem sie sagte: »Mir geschehe nach deinem Wort«.

4. Beinahe hätte Maria ihren Bräutigam Joseph verloren auf die Nachricht hin, dass Gott sie hatte schwanger werden lassen. Ein Engel musste Joseph erscheinen, um ihn davon zu überzeugen und um so ihre Ehe zu retten.

5. Sie fing an, es »manifest« zu machen unter dem Einfluss der größten Erweckung – Jesus. (Man kann die Tatsache einer Schwangerschaft/Erweckung nur eine gewisse Zeitlang verbergen).

6. Diejenigen, die wussten, dass ihr Sohn der Messias sein würde, sprachen oft von Seiner Größe zu ihr. Sie erwog die Dinge, die sie sagten, in ihrem Herzen, und wurde so aufs Neue schwanger – diesmal mit Verheißung.

Im Grunde wiederholt sich diese herrliche Geschichte jedes Mal, wenn wir mit dem Wort der Verheißung Gottes durchdrungen werden. Christus wird noch immer in Seinem Volk gebildet. Diese geistliche Realität darf nicht als geringer betrachtet werden als die natürliche Realität, die Maria erlebte. Dabei möchte ich in keiner Weise Marias Ehre schmälern. Sie wird für immer als »die, die große Gnade beim Herrn gefunden hat« gelten! Vielmehr möchte ich den Respekt vor dem Werk des Geistes in jedem Herzen vergrößern.

Das Königreich: »schon, aber noch nicht«

Als ich diesen Satz: »schon, aber noch nicht« vor zwanzig Jahren zum ersten Mal hörte[11], wurde dieser als Feststellung einer Verheißung verwendet. Es war damals hilfreich für mich zu erkennen, dass wir gerade jetzt Zugang zu Dingen haben, von denen ich stets dachte, sie seien unerreichbar. Der Satz half, die Wirklichkeit in den Mittelpunkt zu rücken, dass gewisse Dinge in dieser Zeit erlebt werden können und andere erst in der Ewigkeit. Derselbe Satz wird jedoch auch verwendet, um Begrenzungen und Einschränkungen zu definieren, ohne Hoffnung zu vermitteln. Er wird verwendet, um heute die Unzufriedenheit von Leuten mit unverwirklichten Verheißungen zu besänftigen. Doch habe ich mit diesem Vorgehen ein Problem. »Schon, aber noch nicht« führt dazu, dass Leute sich mit weniger zufrieden geben, als heute verfügbar ist. Ich höre selten, dass diese Aussage verwendet wird, um unser Potenzial und unsere Verheißung zu beschreiben; sie richtet Schranken und Barrieren auf, die Jesus nicht lehrte und nicht aufrichtete.

Es stimmt, dass die volle Manifestation des Königreiches Gottes mehr ist, als das, was unsere physischen Körper ertragen können. Aber es trifft ebenso zu, dass wir, wenn wir im Himmel sind, noch

---

11 In der Theologie des Reiches Gottes meint diese Wendung die gegenwärtige Zwischenzeit zwischen Jesu erstem Kommen, mit dem das Reich Gottes anbrach (und eine Überlappung zweier Zeitalter auslöste, da ja das alte Zeitalter quasi parallel noch weiterlief), und Jesu Wiederkunft (die das alte Zeitalter und somit diese Überlappung zweier Zeitalter beenden wird und das mit Jesu erstem Kommen angebrochene Zeitalter des Reiches Gottes unangefochten fortsetzen wird). Das Reich Gottes ist gemäß dieser Interpretation zwar »schon« angebrochen, »aber noch nicht« vollgültig durchgebrochen (Anm. d. Übers).

immer imstande sind, vom Königreich zu sagen: »Schon, aber noch nicht«, weil es für die Zunahme Seiner Herrschaft kein Ende gibt. Die ganze Ewigkeit hindurch wird sich das Königreich ausdehnen und auch wir werden uns ausdehnen. Ich lehre unsere Leute, dass, wenn »schon, aber noch nicht« verwendet wird, um die Verheißung und unser Potenzial zu definieren, sie es akzeptieren sollen. Wenn diese Aussage aber gebraucht wird, um ein Bewusstsein unserer Begrenzungen und Einschränkungen aufzubauen, sollen sie diese zurückweisen. Wir brauchen nicht noch mehr Leute ohne authentische Königreichserfahrungen, die uns sagen, was wir zu unserer Lebenszeit haben können und was nicht. Diejenigen, die ihren Glauben hingegen mit einem erfahrungsmäßigen Paradigma ausleben, verstehen, dass wir stets unter der Spannung bezüglich dessen leben werden, was wir gesehen haben und noch sehen werden, und dass wir uns stets auf ein *Mehr* von Gott zubewegen. Das ist eine Frage des Verständnisses aufgrund von Erfahrung.

Jemand muss über die Grenzen der bislang in der Kirchengeschichte vollbrachten Leistungen hinausgehen und etwas versuchen, das von den Zeitgenossen als unmöglich betrachtet wird. Die Gemeinde wird oft als die Gruppe angesehen, die sich nicht ändert. Sehr wenig von dem, was heute existiert, würde überhaupt existieren, wenn diejenigen, die uns vorausgingen, nicht versucht hätten, die Schranken zu überschreiten, die von ihren Vorgängern erlebt worden waren. Und so ist es auch mit der Gemeinde. Es ist dieses Abenteuer, zu dem Gott uns gerufen hat. Und es ist dieses Abenteuer, das wir *das normale Christenleben* nennen.

Die Sprache des Geheimnisvollen

Indem Gott uns dahin zieht, den Bereich Seiner Geheimnisse zu akzeptieren, richtet Er in uns das Leben des Glaubens ein. Aber Er sehnt sich danach, die Geheimnisse für diejenigen zu entschlüsseln, die in der Welt, die sie umgibt, einen Unterschied machen wollen. Verborgene Dinge werden denen geoffenbart, die nach Ihm hungern, und die Seine Stimme erkennen können. Das jedoch ist das Thema des nächsten Kapitels.

Kapitel 4

Die Sprache des Geistes

»*Gott verbirgt Dinge **für dich**, nicht **vor dir***«

Eine Gott hingegebene Vorstellungskraft wird zu einer geheiligten Vorstellungskraft; und es ist die geheiligte Vorstellungskraft, die fähig ist, Visionen und Träume wahrzunehmen. In der Gemeinde der westlichen Welt besteht eine ziemlich paranoide Einstellung in Hinblick auf den Gebrauch der Vorstellungskraft.[12] In Hinsicht auf den kreativen Ausdruck – durch die Künste und Erfindungen – geben als Folge dessen innovative Ungläubige oft die Richtung vor. Sie haben nämlich keine Vorurteile gegen die Imagination und Vorstellungskraft. Die Vorstellungskraft ist wie die Leinwand für den Maler. Wenn sie sauber ist, kann der Künstler viel damit anfangen. Gott möchte unsere Vorstellungskraft liebend gerne gebrauchen, um Seine Eindrücke darauf zu malen; Er hält Ausschau nach solchen, die Ihm hingegeben sind. Diejenigen allerdings, die durch den Vorwand, »nicht würdig zu sein«, voreingenommen sind, sind so selbstbezogen, dass man ihnen nicht viel Offenbarung anvertrauen kann. An einem bestimmten Punkt muss es aufhören, dass sich alles um uns dreht, so dass diejenigen, die um uns herum sind, die Vorzüge der Tatsache, dass wir in Christus sind, nutzen können. Eine solche Haltung gibt uns unbegrenzten Zugang zu den Geheimnissen Gottes, was uns befähigt, den Nöten einer sterbenden Welt zu begegnen.

---

12 Viele prominente Autoren und Konferenzsprecher gießen Öl ins Feuer wenn sie sagen, die Ursprünge einer Sache seien beim Teufel zu suchen, wenn die Esoterik etwas Spirituelles propagiert, was auch Christen praktizieren. Ich finde diese Art zu argumentieren bestenfalls dürftig. Wenn wir weiterhin so argumentieren, dann werden wir dem Teufel die Werkzeuge überlassen, die Gott uns für Erfolg im Leben und Dienst gegeben hat. Dadurch werden wir das Vertrauen in die Macht der Finsternis auf Kosten des Geistes Gottes stärken.

Jesus ist das Wort Gottes. Es ist für Ihn schwierig, nichts zu sagen zu haben. Gelegentlich machen wir Zeiten durch, in denen wir das Gefühl haben, dass Gott nicht mehr mit uns sprechen würde. Auch selbst wenn dies so scheinen mag, so hat Er doch meistens einfach Seine Sprache geändert, und Er erwartet, dass wir uns Ihm anpassen.

Die hörbare Stimme Gottes verpassen

> *»'Vater, verherrliche Deinen Namen.' Da ertönte eine Stimme vom Himmel her: ‚Das habe Ich schon getan, aber ich werde Ihn aufs Neue verherrlichen'. Die Schar Leute, die dabeistand und (den Klang der Stimme) (auch) gehört hatte, meinte, es habe (wohl) gedonnert. Andere bemerkten: ‚Vielleicht hat ein Engel mit ihm geredet'.«* (Joh. 12,28-29, Haller)

Die hörbare Stimme des Vaters kam vom Himmel her, während Jesus zu der Menge sprach. Die Leute hatten zwar etwas gehört, aber keiner von ihnen wusste, was es war. Sie verpassten nicht nur die Tatsache, dass es die Stimme Gottes war, es kam ihnen auch nie in den Sinn, dass dieses ungewöhnliche Ereignis etwas mit ihrem Leben zu tun haben könnte. Jesus reagierte auf ihren Unglauben, indem Er sagte: »*Diese Stimme ist nicht Meinetwegen geschehen, sondern euretwegen*« (vgl. Joh. 12,27-30). In Seiner Barmherzigkeit sprach Gott, um für jeden, der da stand, einen Ausweg aus dem Lebensstil des Unglaubens zu schaffen. Doch die Härte ihres Herzens blockierte ihre Wahrnehmung hinsichtlich dessen, was gesagt wurde und wer da sprach, und machte das, was sie hörten, für sie unverständlich. Wir wissen, dass Gott klar und deutlich gesprochen hatte (vgl. 1. Kor. 14,9). Doch das Volk *verstand nicht*, wegen seiner Voreingenommenheit zum Unglauben (vgl. Joh. 12,37). Einige glaubten, es habe gedonnert – ein unpersönlicher Akt der Natur. Andere dachten, es hätte sehr wohl ein Engel sein können – das sei zwar geistlich, aber einfach nicht für sie.[13] Es ist eine wahre Aussage, dass es das hungrige Herz ist, das am besten hört.

Unglaube, der sich als Weisheit tarnt

Diese Begebenheit im 12. Kapitel des Johannes-Evangeliums beschreibt eine meiner größten Sorgen bezüglich der Gemeinde in der westlichen Welt, nämlich das Überhand-nehmen-lassens des Unglaubens. Er hat sich lange genug als Weisheit getarnt und muss als die große Sünde entlarvt werden, die er ist. Der Unglaube hat den äußeren Anschein einer konservativen Einstellung zum Leben, wirkt aber darauf hin, Gott Selbst dem Verstand und der Kontrolle von Menschen zu unterwerfen. Er wird durch die Meinung von anderen gespeist, indem er ständig sich selbst auf die Schulter klopft, dass er nicht den Extremen verfällt, in die andere gestolpert sind. Was solche, die in einer derartigen religiösen Falle leben, selten bemerken, ist, dass eine ungläubige Gesinnung völlig unfähig ist, Jesus in Seiner Macht und Herrlichkeit zu repräsentieren.

Es beunruhigt mich, dass so viele Christen anscheinend mich benötigen, damit ich ihnen beweise, dass Gott tatsächlich das tut, was ich Ihn tun gesehen habe – als ob die Schrift nicht Beweis genug wäre. Eigentlich noch erstaunlicher ist die Tatsache, dass, wenn die Wunder vor ihren Augen geschehen, sie immer noch nach Arztberichten, Röntgenbildern usw. fragen, bevor sie Gott irgendein Lob geben. Sie sehen einen leeren Rollstuhl und jemanden, der eben gerade neu gehen kann, eine zuvor depressive Person, die jetzt frohlockt, oder einen, der nicht hören konnte und jetzt hört und den Herrn preist, und dennoch wollen die Leute, die dabeistehen, Beweise dafür, dass dies wirklich Wunder sind. Mir ist klar, dass es Scharlatane gibt. Doch die massive Anstrengung, uns selbst davor zu schützen, getäuscht zu werden, ist eher ein Zeichen des Unglau-

---

13 Viele in der gegenwärtigen Erweckung, in der sich unsere Gemeinde befindet, sprachen so: »Wir wissen schon, dass das eine Bewegung Gottes ist, aber das ist einfach nichts für uns.« Es ist schockierend zu erleben, wie Gläubige anerkennen, dass Gott unter ihnen wirkt, und dann zusehen zu müssen, wie sie nicht auf Ihn eingehen, indem sie sich nach mehr von Ihm ausstrecken.

bens als unserer »Weisheit«, uns vor Täuschung zu schützen. Eine solche Furcht existiert nur dort, wo der Unglaube lange Zeit vorgeherrscht hat.

Trotz alle dem: »Die Liebe glaubt alles« (1. Kor. 13,7). Eine tiefere Begegnung mit der Liebe Gottes befreit einen Menschen von der Neigung, sich aus lauter Angst durch unangemessene Vorsicht selbst schützen zu wollen. In Anbetracht dessen, dass »der Glaube durch die Liebe wirksam wird« (Gal. 5,6), ist es vernünftig zu sagen, dass selbst der Glaube, der darauf vertraut, dass Gott Wunder tut, durch die Erfahrung Seiner Liebe zustande kommen kann. Überwältigende Begegnungen mit der verschwenderischen Liebe unseres himmlischen Vaters werden viel dazu beitragen, den Unglauben zu entlarven.

Es ist keine Weisheit, Gott ständig zu bitten, Er möge Sich Selbst ausweisen, damit wir glauben können. Auch wenn es keine Frage ist, dass die Berührung mit dem Wundersamen uns helfen kann, im Glauben zu wachsen, so entspringt diese Forderung nicht einem Hunger nach Ihm, sondern viel mehr unserer Anstrengung, Gott vor unser Tribunal zu stellen. Er muss sich nicht vor uns verantworten. Wir müssen uns vor Ihm verantworten. Der unerneuerte Verstand lebt mit Gott auf Kriegsfuß und stellt an Ihn die Forderung, für uns Dinge zu vollbringen. Diese ungesunde Einstellung versetzt uns in die Rolle eines Richters. Eine solche Arroganz ist der Vater des Unglaubens. Jesus konfrontierte diese Haltung in Seinen vielen Auseinandersetzungen mit der religiösen Menge.

Die höchste Speise

Das Herz anhaltenden Glaubens »schmiegt sich Gott an«, sehnt sich nach Seiner Stimme und hält Ausschau nach Seiner nächsten Bewegung. Wie Jesus sollten wir imstande sein zu sagen: »Meine Nahrung besteht darin, dass Ich den Willen von Dem tue, der Mich (hierher) geschickt hat« (Joh. 4,34; *Haller*). Ich werde dadurch gestärkt, dass ich Gott sprechen höre. Ich werde genährt, wenn ich Seiner Stimme gehorche. Unsere Lebenssituationen gewinnen an Bedeutung und Ausrichtung wegen des anhaltenden Glaubens,

Jesus nachzufolgen. Von Gott zu hören ist das entscheidende Element des Christenlebens, denn »der Mensch lebt nicht vom Brot allein, sondern von jedem Wort, das aus dem Munde Gottes hervorgeht« (Mt. 4,4). Seine Stimme ist unser Leben.

Es gibt im Leben viele Tische, an denen wir essen können. Da ist zum Beispiel *der Tisch der öffentlichen Meinung*. Die Speise dort ist süß, aber sie übersäuert unseren Magen. Da ist aber auch *der Tisch unserer persönlichen Leistung*. Das ist mit Sicherheit eine Kraftmahlzeit, doch der Abstieg kommt so schnell wie der Aufstieg. Es gibt nur einen Tisch mit reicher Speise, die wir gut vertragen und die uns übernatürliche Kraft verleiht; und das ist *der Tisch von Gottes Willen*.

Meine persönliche Geschichte in Sachen Erweckung

Als ich Pastor der Bethel-Gemeinde in Redding, Kalifornien, wurde, kam ich aufgrund eines Schreis nach Erweckung durch die Leiterschaft der Gemeinde dorthin. Ich war der Pastor der Mountain Chapel in Weaverville, Kalifornien, wo wir eine wunderbare Ausgießung des Heiligen Geistes erlebten. Bethel war die Muttergemeinde unserer Gemeinde in Weaverville, wo meine Familie und ich 17 Jahre lang gedient hatten. Ich wurde eingeladen, zurückzukehren und Hauptpastor in Bethel zu werden. Als ich zur neuen Gemeindeversammlung über mein Kommen sprach, sagte ich ihnen, ich sei für die Erweckung geboren; wenn sie die Bewegung des Geistes Gottes nicht zusammen mit dem ganzen Durcheinander wollten, das oft durch eine solche Ausgießung entsteht (vgl. Spr. 14,4), dann wollten sie auch mich nicht, weil Erweckung für mich nicht verhandelbar ist. Sie reagierten auf positive Weise, mit nahezu einmütiger Unterstützung.

Die Ausgießung begann fast sofort. Das Leben vieler wurde verändert, Körper wurden geheilt, göttliche Begegnungen vermehrten sich in erstaunlichem Maße – aber ungefähr 1000 Leute verließen die Gemeinde! Was hier geschah, war etwas, zu dem sie keine Beziehung finden konnten. Es lag außerhalb ihres Erfahrungshorizontes.

Es gibt wenige Dinge, die sich für Pastoren verheerender auswirken, als wenn Leute die Gemeinde verlassen. Es fühlt sich an wie eine persönliche Ablehnung (und oft ist es das auch). Menschen, die im pastoralen Dienst stehen, sind sicher gegen solche Gefühle nicht immun. Pastoren sind eine eigenartige Rasse – es gibt Zeiten, da Leute, die uns hassen, die Gemeinde verlassen, und wir fühlen uns trotzdem schlecht. Doch während dieser merkwürdigen Zeit des Exodus waren meine Frau und ich immun gegen dieses verheerende Gefühl, was nur möglich ist, wenn Gott wirklich eine übernatürliche Gnade verleiht, freudig *im Gegensatz* zu unseren Umständen zu leben. (Das Gegenteil, dem viele verfallen, ist, dass man im Herzen gefühllos wird bis zu dem Punkt, dass einen nichts mehr berühren kann, sei es Gutes oder Schlechtes. Wieder andere entschließen sich dazu, die Auswirkung zu leugnen, die ein solcher Verlust auf ihr Herz hat. Beides ist weder gesund noch hinnehmbar). Aufgrund der Gnade, die uns gewährt wurde, verbrachten wir nicht einen Tag damit, entmutigt zu sein oder Gott in Frage zu stellen. Unsere Speise war es wirklich, Seinen Willen zu tun, was uns alle Nahrung und Kraft verschaffte, die wir benötigten.

Es war die Großzügigkeit Gottes, die dies möglich machte. Zusammen mit der zunehmenden Manifestation Seiner Gegenwart machte er Seinen Willen so offensichtlich, dass man ihn nicht übersehen konnte. Gott sprach zu uns oft in einem Traum, in einer Vision, oder durch einen klaren Eindruck in unserem Verstand. Manchmal ließ Er ein prophetisches Wort ergehen, das eine Richtung, die wir einschlagen sollten, bestätigte oder das Verständnis für diesen Schritt vermehrte. Es gab nie eine Frage. Die Frucht des vermehrten Maßes Seiner Gegenwart, zusammen mit der Fülle vieler umgewandelter Leben, war alles, was wir benötigten, um angesichts eines solch offensichtlichen Verlustes lächeln zu können. Bis zum heutigen Tag haben wir es als ein Vorrecht betrachtet, diese Art von Zunahme durch einen solchen Verlust zu gewinnen.

Heute wachsen wir sehr schnell. Die Wunder nehmen auf erstaunliche Weise zu. Doch im Geheimen genieße ich die Momente der anfänglichen Ausgießung, als es für den natürlichen Verstand unlogisch war, so glücklich zu sein, da doch so viele Dinge verkehrt zu laufen schienen. Manchmal war der Widerstand überaus heftig. Die Verleumdungen und Gerüchte nahmen täglich mit aller Macht zu. Nahezu ein Jahr lang erhielt das Büro unserer Denomination jeden einzelnen Tag Vorwürfe und Anklagen gegen uns. Nur Gott kann solch einen Zeitabschnitt so wunderbar machen, weil nur Sein Wille so vollständig nahrhaft ist. Das war meine bevorzugte Speise und sie ist es noch immer.

Die Schönheit Seines Willens ist für denjenigen Menschen verloren, der die Sprache des Geistes nicht kennt. Es ist entscheidend, dass wir lernen, wie Gott spricht. Seine erste Sprache ist nicht englisch oder deutsch. Tatsächlich wäre es richtig zu sagen, dass es auch nicht hebräisch ist. Auch wenn Er die Sprachen von Menschen benutzt, um Sich uns mitzuteilen, spricht Er lieber durch eine Unzahl von anderen Methoden zu uns. Im verbleibenden Teil dieses Kapitels will ich versuchen, einige der »Sprachen des Geistes« zu besprechen. Es gibt viel gutes Material, das über dieses Thema schon geschrieben wurde, darum möchte ich bloß die Gebiete hervorheben, die ein bisschen dunkler sind, wie die Abteilung, die sich »schwer verständliche Aussagen« nennt. Meine Auflistung ist jedoch keinesfalls vollständig. Sie stellt die begrenzten Entdeckungen meines eigenen Abenteuers mit Gott dar.

Die Sprache der Schrift

Die Schrift ist die Grundlage allen »Hörens« von Gott. Obwohl Gott nie Sein Wort verletzen wird, verletzt Er doch oft unser Verständnis von Seinem Wort. Denk daran: Gott ist größer als Sein Buch. Die Bibel enthält Gott nicht; sie *offenbart* Ihn.

Diese Wahrheit lässt sich durch zwei griechische Wörter für »Wort« darstellen – »logos« und »rhema«.

Logos wird oft verwendet, wenn vom geschriebenen Wort gesprochen wird, von der Heiligen Schrift. Das Bibellesen ist der gebräuchlichste Weg, Unterweisung zu empfangen und zu lernen, Seine Stimme zu erkennen. Seite um Seite ist angefüllt mit praktischen Anleitungen zum Leben. Wenn wir die Prinzipien von Gottes Wort lernen, dann hilft uns das, Seine Stimme zu erkennen, indem die Wahrheit in unser Herz gepflanzt wird. Der Psalmist bestätigte diese Absicht, indem er sagte: »Ich bewahre dein Wort in meinem Herzen, damit ich nicht gegen dich sündige« (Ps. 119,11). Hier finden wir die Königreichsprinzipien zum Leben. Sie funktionieren für jeden, der sie anwendet.

Rhema ist das frisch gesprochene Wort. Es ist stets ein Ausdruck von dem, *was geäußert wird*. Darum hat es einen Aspekt der Unmittelbarkeit an sich. Oft haucht Gott Sein Wort an und schenkt Leben für etwas, das für »jetzt« geschrieben wurde. Das gesprochene Wort darf nie das geschriebene Wort ersetzen. Je mehr geschriebenes Wort wir in unserem Herzen haben, desto größer ist unsere Fähigkeit, das gesprochene Wort zu hören, weil Er zu dem spricht, was wir in unserem Herzen bereits gespeichert haben und es so hervor bringt.

Die Sprache der hörbaren Stimme

Die Stimme des Herrn ist kein Eindruck, für den wir dann Worte finden müssen. Es ist eine direkte Wort-für-Wort-Kommunikation von Gott zu uns. Die hörbare Stimme kann das natürliche Ohr erreichen, wenn wir wach sind oder wenn wir schlafen. Sie kann auch zu unserem geistlichen Ohr kommen. (Der Grund, weshalb ich diese Unterscheidung treffe, ist der, dass du dich, nachdem es geschehen ist, nicht immer erinnerst, ob es laut oder einfach inwendig geschehen ist. Jedoch ist es viel mehr als ein bloßer Eindruck. Es ist so deutlich, wie wenn man jemanden sprechen hört).

Bei mindestens zwei Gelegenheiten wurde ich von der hörbaren Stimme des Herrn geweckt. Doch wenn ich darüber nachdachte, hätte ich nie angenommen, dass meine Frau es auch gehört hätte. Sie hatte es nicht gehört. Das ist der Grund, weshalb ich sage, sie könne auf das natürliche Ohr treffen – wie in der Begebenheit in Johannes 12 – oder aber auf unseren Geist. Einmal weckte Er mich mit Seiner Stimme und sagte: »Er wacht über das Wachen derer, die den Herrn anschauen.« Dieser Satz ging mir die ganze Nacht durch meinen Kopf. Es war offensichtlich, dass Er meine volle Aufmerksamkeit wollte, damit ich lernen könnte, nur auf Ihn zu schauen. Wenn ich das tat, würde Er über alles wachen, was mich betraf.

Die Sprache der feinen, leisen Stimme

Das ist die lautlose Stimme oder der Eindruck des Herzens. Das ist möglicherweise die häufigste Art, wie Menschen von Gott hören. Manchmal nimmt man an, es sei unsere eigene »innere Stimme«, da es unsere eigenen Gedanken und Vorstellungen sind. Obwohl es stimmt, dass wir eine solche Stimme haben, ist es weise, *Seine* leise, feine Stimme hören zu lernen. Sie ist still. Also müssen wir still werden, um sie beständig zu erkennen. Jemand gab mir einen hilfreichen Schlüssel, um Seine Stimme unterscheiden zu können; er sagte: »Du weißt, dass du von Gott gehört hast, sobald du eine Idee hast, die besser ist als eine, die du dir selbst ausdenken könntest«.

Die Sprache der Visionen

Visionen erscheinen sowohl den natürlichen Augen als auch den Augen des Herzens. Das zweite sind Bilder in unseren Gedanken, welche die sichtbare Entsprechung sind zu der leisen, feinen Stimme – man kann sie genau so leicht verpassen, wie man sie bekommen kann. Indem man sich an Gott anschmiegt[14], gelangen diese in den Blickpunkt.

Äußerlich – Viele Leute sprechen dabei von einer »offenen Vision«. Obwohl ich selbst nie eine hatte, so habe ich doch viele Freunde, die welche gehabt haben, einschließlich meines Hauptassistenten, Kris Vallotton. Eine der Methoden, die Gott bei ihm benutzte, ist, dass etwas wie eine Filmleinwand in seinem Kopf auftaucht und Gott darauf Teile des Lebens des Betreffenden abspielt. Diese Offenbarung dient dazu, die Aufmerksamkeit der betreffenden

---

14 Übersetzung der Wendung »Leaning into God« (wörtlich: sich in Gott hineinlehnen bzw. hineinkuscheln). Mit dieser Wendung meint der Autor die Erwartung, dass Gott jederzeit handeln oder sprechen kann.

Person zu erregen, wodurch für sie der Weg freigemacht wird, sich auf persönliche Weise dienen zu lassen.

Inwendig – Auf einer Dienstreise nach Deutschland betete ich vor der Heilungsversammlung am Abend mit der Leiterschaft eines bemerkenswerten Dienstes. Dort hatte ich einen »Schnappschuss«-Bildblitz in meinem Kopf. Darin sah ich eine Person, die zu meiner Rechten saß, und dann sah ich (auf einmal) wie in einem Röntgenbild nur noch ihre Wirbelsäule. Irgendwie wusste ich, dass es sich um eine Art von Arthritis handelte. In dieser Vision wies ich auf sie hin und sagte: »Der Herr Jesus heilt dich!« Diese Vision klingt viel dramatischer, als sie eigentlich war. Es war ein kurzer Schnappschuss, dem ich Aufmerksamkeit schenkte. Es war einer, den ich leicht hätte verpassen können. Als meine Zeit zu sprechen kam, begann ich, indem ich fragte, ob jemand da sei mit Arthritis in der Wirbelsäule. Eine Frau zu meiner Rechten erhob ihre Hand. Nachdem ich sie gebeten hatte aufzustehen, erklärte ich: »Der Herr Jesus heilt dich!« Sie begann zu zittern. Als ich sie fragte: »Wo ist dein Schmerz?«, antwortete sie unter starkem Weinen: »Es ist unmöglich! Es ist unmöglich! Er ist weg!« Sie wurde geheilt durch ein dekretierendes Sprechen, das durch eine innere Vision zustande gekommen war.

Zu einem anderen Zeitpunkt, während einer Zeltversammlung mit Todd Bentley in Roseville, Kalifornien, machte ich eine einzigartige Erfahrung, die mit einer weiteren inneren Vision zusammenhing. Während der Anbetungszeit sah ich einen Genickwirbel und stellte fest, dass er verletzt war. Aber ich sah auch, wie die Zahl »94« vorbeischwebte. Es war nicht dramatisch, eher sehr subtil – leicht zu übersehen. Als ich aufstand um zu sprechen, bat ich diejenigen nach vorne zu kommen, die eine Nackenverletzung bei einem Unfall von 1994 erlitten hatten. Zu meiner Überraschung kamen 12 Personen zum Gebet nach vorne. Es war mir möglich, mit acht oder neun von ihnen gleich nach dem Gebet zu sprechen, und jeder einzelne von ihnen war geheilt worden.

Die Sprache der Träume

Offensichtlich geschehen Träume meistens nachts. Aber es gibt eine Form des Träumens, die dem *Tagträumen* gleich kommt. Es geschieht, wenn wir wach sind, und wird sehr leicht ignoriert, weil wir glauben, es handle sich um *unsere Vorstellungskraft*. In ihrer intensiveren Form gleichen Tagträume eher einer Trance. Wiederum bringt das »Sich- Anschmiegen an Gott« dieses Werkzeug in eine klarere Perspektive, da es uns die notwendige Unterscheidung gibt, um zu erkennen, was von Gott ist, und was tatsächlich unsere Vorstellungskraft ist.

Tagtraum. Während ich in einer Konferenz saß, fing ich an, von einem Gebetshaus »tagzuträumen«. Ich konnte vier Fensterwände nach Norden, Süden, Osten und Westen sehen. Über einem Fenster stand der Satz aus Jesaja: »Sage zum Norden: Gib sie zurück!« Dasselbe war über jedem der anderen Fenster zu sehen, die in eine der anderen Himmelsrichtungen wiesen. Auf dem Teppich war ein Kompass-Stern, der wiederum nach Norden, Süden, Osten und Westen zeigte. Im Mittelpunkt des Raumes war ein Brunnen, der ständig floss. Ich wusste, dass man es das Alabasterhaus nannte. (Ein Alabastergefäß ist das, was benutzt wurde, um das kostbare Salböl zu fassen, das ungefähr den Wert eines Jahresgehalts hatte, welches die Frau über Jesus vor Seinem Tode ausgoss, sozusagen als höchster Ausdruck ihrer Anbetung (vgl. Mk. 14,3). Die Jünger empörten sich, weil die Frau ihr Parfüm mit einer solch sinnlosen Tat *verschwendete*, da man es doch hätte verkaufen und das Geld unter den Armen hätte austeilen können. Jesus jedoch hatte eine andere Sicht; Er nannte es Anbetung). Ich verstand es so, dass wir einen Ort bauen sollten, wo sich die Leute an Jesus verschwenden könnten! Als ich diese Erfahrung meiner Gemeindeleitung mitteilte, bat eines der Mitglieder[15] darum, mich am nächsten Tag besuchen zu dürfen. Er war ein Bauunternehmer, der Pläne mit-

---

15 Es war Cal Pierce, heute der Leiter der *Healing Rooms* in Spokane, Washington, USA.

brachte, die er zwei Jahre zuvor von genau dem Gebetshaus gezeichnet hatte, das ich beschrieben hatte. Unnötig zu sagen, dass wir das Alabasterhaus bauten, obwohl der Bau genau zu der Zeit geschah, als ungefähr 1000 Leute die Gemeinde verließen. Wir bauten es mit Bargeld – ein weiteres Zeugnis für Gottes wunderbare Barmherzigkeit und Gnade.

Nachttraum. Als ich mich darauf vorbereitete, in die Bethel-Gemeinde zu kommen, um ihr neuer Pastor zu sein, hatte ich einen Traum, der mich vor potenziellen Gefahren bei dem bevorstehenden Übergang warnte. Im Traum nahm ich die Ausfahrt von einer Autobahn. Dann musste ich die Straße mittels einer Überführung überqueren, um dann wieder auf die Autobahn zu fahren, und zwar diesmal in der entgegengesetzten Richtung. Während ich dies tat, stellte ich fest, dass die Straße eisig war, und dass ich aufpassen musste, wie schnell ich abbiegen würde, damit ich mein Fahrzeug nicht von der Leitplanke weg wieder auf die Autobahn zurückgedrückt würde. Ich erwachte in dem Bewusstsein, dass ich die notwendigen Veränderungen nicht allzu schnell vornehmen sollte. Auch wenn einige das Gefühl hatten, unser Wechsel sei recht rasch vor sich gegangen, ging es doch viel langsamer, als es ohne diesen Traum geschehen wäre. Jedem Schritt ging ein klares Wort von Gott voraus.

Er ließ mich durch einen anderen Traum wissen, wann diese Zeit des »vorsichtigen Wandels« vorüber war. Darin sah ich dieselbe Autobahn, doch diesmal fuhr ich in der entgegengesetzten Richtung. Es gab auf beiden Seiten der Straße helles, grünes Gras, und der Straßenbelag war nass von geschmolzenem Eis. So seltsam es auch klingen mag, das Wasser stellte keine Gefahr dar, um mit hoher Geschwindigkeit zu fahren, sondern war stattdessen vielmehr ein Zeichen für Seine frische Ausgießung (des Geistes). Das Eis, das einen schnellen Übergang gefährlich und unklug machte, war geschmolzen. Es gab auch keine anderen Autos, so dass wir die Geschwindigkeit hätten drosseln oder unser Fortschreiten verlangsamen müssen. Indem Er mir diesen Traum gab, wollte Er mir sagen: »Es ist an der Zeit, die Stopp-Zeichen auszureißen«. Dieser zweite Traum ereignete sich etwa 18 Monate nach dem ersten. Die Mehrzahl der Leute, die gingen, war bereits gegangen, und mir wurde die Freiheit geschenkt, in einem Schritttempo voranzugehen, das den zunehmenden Winden des Wandels besser angepasst war.

Die Sprache »schwer verständlicher Aussagen« (Spr. 1,6)

Manchmal spricht Gott zu uns, indem Er Wahrheiten in Redewendungen, Geschichten, Rätseln und in den Umständen versteckt. Die Absicht dabei ist, dass wir deren Bedeutung finden sollen. Wenn wir *uns an Gott anschmiegen* und auf Seine Stimme harren, wird es leichter zu unterscheiden, wann diese Umstände von Gott sind, oder wann es sich lediglich um ungewöhnliche Ereignisse handelt. Diese einzigartige Sprache Gottes ist eine Einladung dazu, sich auf Sein großes Abenteuer einzulassen.

Gleichnisse. Auf meine Bitte gingen ein Mitglied unseres Teams, das sich um den laufenden Unterhalt der Gemeinde kümmert, ein Prophet, der ein lieber Freund von mir ist und ich selbst um das ungefähr 30 Hektar große Gemeindegelände herum, um die Ecken unserer Grundstückgrenzen zu finden. An den Ecken steckten wir dann Stangen in den Boden. An jeder Stange flatterte eine andersfarbige Flagge, die eine besondere Gabe oder Berufung in unserer Gemeinde darstellte. So etwas hatte ich noch nie zuvor getan. Ich empfand es als eine einzigartige Erfahrung, den Grund abzuschreiten und gemäß dem zu beten, was der Prophet sah. Auch wenn es für mich ungewöhnlich erschien, vertraute ich ihm.

Nachdem wir die letzte Stange in den Boden gesteckt hatten, flogen vier Gänse vorbei. Der Prophet sagte mir, die Gans sei der *Wachhund* der alten Welt und die Gänse repräsentierten die Engel, die an den vier Ecken des Grundstückes stünden, um darüber zu wachen, was Gott dort tun würde.

Jesus lehrte die Jünger durch die Verwendung von Gleichnissen, als Er den Jüngern die Verheißung gab, der Vater habe uns Zugang zu den Geheimnissen Gottes gewährt (vgl. Mt. 13,11). Es gibt Auslegungsmuster, die uns helfen können, Seine beabsichtigte Botschaft herauszufinden. Zum Beispiel bedeutet die Zahl »4« die Erde – die vier Ecken der Erde: Norden, Osten, Süden und Westen. Wenn man diese Dinge versteht, kann es helfen, alles klarer zu hören, angefangen von einfachen Worten der Bestätigung bis hin zu großen Worten voller Offenbarung.

Rätsel. Ich führe diese Geschichte in der *Rätsel*-Kategorie an, weil sie eine Erklärung benötigt. Manchmal spricht Gott auf eine Art, die durch biblische Auslegungsprinzipien erforscht werden kann. Zum Beispiel bedeutet die Zahl »50« das Jubeljahr. Es kommt vom »Jubeljahrprinzip« (als alle Schulden erlassen und die Sklaven freigelassen wurden), welches Israel alle 50 Jahre einhalten sollte. Gott allein konnte das erklären.

Im Oktober 2003 wachte ich um 5.55 Uhr auf, nachdem ich in wenigen Tagen mehrere Male auf diese Ziffern gestoßen war. Während ich im Bett lag, sagte ich laut: »Was möchtest Du mir sagen?« Sogleich war ich wieder eingeschlafen, als hätte mir jemand auf den Kopf geschlagen. Dann sprach Er mit hörbarer Stimme: »Die Salbung für den Tag des Schuldenerlasses ist auf dir«. Ich erwachte sofort und merkte, dass ich vielleicht etwa drei Minuten geschlafen hatte. Seit jenem Tag sind alle Schulden aus unserem Leben gewichen, mit Ausnahme der Hypothek, von der wir glauben, dass sie als nächstes aufgehoben wird. Die Zahlen waren wie ein Rätsel, das eine Erklärung von dem benötigte, der es aufgegeben hatte.

Es gibt großartige Bücher, welche uns die Deutungsprinzipien von Zahlen und Symbolen in der Bibel und im Leben aufzeigen. Ich bezweifle jedoch, dass irgendeines davon sagen würde, dass die Zahl »555« das Erlassen von Schuld bedeuten könnte. Ich empfehle, dass die Menschen diese Bücher als Leitfaden benutzen mögen, aber dass sie zugleich den Herrn suchen, ob Er ihnen nicht noch etwas anderes sagen möchte. *Gleichnisse neigen dazu, eher symbolisch verstanden zu werden, während Rätsel eine göttliche Deutung erfordern.*

Ungewöhnliche Zufälle. Ich habe diesen die größte Zeit meines Lebens wenig Aufmerksamkeit geschenkt. Erst in den letzten Jahren wurde mir Seine Sprache auf diese Weise augenscheinlicher. Auch wenn es falsch wäre zu sagen, jeder Zufall enthalte die Stimme Gottes, spricht Gott doch häufiger durch sie, als man annehmen würde.

Kürzlich erlangte Er meine Aufmerksamkeit mit der folgenden Verkettung von Ereignissen. Ich checkte in meinem Hotel ein, um mich für einige Versammlungen in Texas vorzubereiten. Der Mann hinter dem Tresen reichte mir den Zimmerschlüssel mit der Nummer 308. Ich machte mir darüber keine Gedanken. Als ich in die nächste Stadt kam, wurde mir wieder ein Schlüssel für das Zimmer 308 gegeben. Es schien ein seltsamer Zufall zu sein, doch ich kann nicht behaupten, ich hätte empfunden, dass es mehr als ein ungewöhnlicher Zufall war. Dann wachte ich morgens um 3 Uhr 08 auf. Endlich hatte Gott meine Aufmerksamkeit gewonnen. Ich fragte: »Was möchtest Du mir sagen?« Die Antwort ließ mehrere Tage auf sich warten; als ich am Schreibtisch in meinem Büro saß, kam mir in den Sinn, dass ich vor 18 Jahren den Herrn gefragt hatte, ob ich versuchen sollte, schriftstellerisch tätig zu werden oder nicht.

Es war schon eine geraume Zeit in meinem Herzen, doch war ich nie ein großartiger Student gewesen und hatte deshalb vieles von dem versäumt, was ich hätte wissen müssen, um ein Schriftsteller zu werden. Aber ich hatte nun einmal dieses Verlangen in mir und es wollte nicht weggehen. Als Antwort auf meine Frage bezüglich des Schreibens weckte Er mich mitten in der Nacht auf und sprach diese Worte: »Jesaja 30, Vers 8«. Als ich die Bibel öffnete, um zu sehen, was dort stand, las ich: »Geh du nun hin und schreibe«. Sehr bald danach fing ich an, kleine Artikel für unseren Gemeindebrief zu verfassen. Ich nahm mir Zeit dafür in meinen regulären Terminplan, so dass ich durch Übung mehr von dem lernen konnte, was ich können musste.

Nun, 18 Jahre später hatte ich schon einiges geschrieben, aber ich hatte meinen jüngsten Terminplan voller Konferenzen und anderer Reiseverpflichtungen. Zum Zeitpunkt des »308«-Wortes waren schon Monate vergangen, in denen ich mir keine Zeit zum Schreiben genommen hatte. Tatsache war, dass mein Terminplan dieses Ziel mehr und mehr unmöglich machte. Die Zahl 308 war eine Erinnerung meiner Frage an Gott, an Seine Antwort und an die daraufhin ergangene Berufung für mein Leben. Die Überführung des Herrn überwältigte mich und ich tat Buße. Ich traf mich mit meinem Mitarbeiterstab und ging meinen Kalender für die nächsten Monate durch, um Zeitblöcke zum Schreiben einzuplanen. Selbst die Niederschrift dieses Buches ist das Ergebnis jenes Wortes, das Er mir damals gegeben hatte.

Während derselben Reise nach Texas machte ich noch eine andere Erfahrung, die für mich neu war. Ich hatte in einer Versammlung ein Wort der Erkenntnis für jemanden mit einem gebrochenen Steißbein. Eine Frau schrie auf, das sei sie, und dass sie sich das Steißbein bei der Geburt ihres Kindes gebrochen habe. Sie wurde sofort ohne Gebet geheilt. Wenige Augenblicke später hatte ich ein Wort der Erkenntnis für jemanden mit gebrochenen Rippen. Dieselbe Frau sprach laut aus dem Hintergrund des Raumes: »Ich brach mir die Rippen, als ich mein Kind in mir trug (während der Schwangerschaft)«. Wiederum wurde sie sogleich geheilt. In der nächsten Stadt kam eine Person zu mir, um zu bezeugen, dass sie eben von einer Verletzung geheilt worden sei, die sie sich während der Geburt ihres Kindes zugezogen hatte. (Ich kann mich nicht erinnern, dass ich jemals erlebt habe, dass jemanden von so etwas geheilt worden wäre – und jetzt waren in zwei Städten hintereinander Frauen von körperlichen Nöten geheilt worden, die mit der Geburt eines Kindes zusammenhingen. Das ist die Sprache des Geistes hinsichtlich ungewöhnlicher Zufälle). Ich unterbrach die Versammlung und bat all diejenigen aufzustehen, die dauerhafte Probleme hatten, welche entweder durch eine Schwangerschaft oder durch eine Geburt verursacht worden waren. Ungefähr zehn Frauen standen auf. In den nächsten Minuten bezeugten mindestens acht von ihnen, dass sie geheilt worden seien.

Ungewöhnliche Umstände. Der brennende Dornbusch, den Mose erlebt hat, würde in diese Kategorie fallen. Das sind höchst ungewöhnliche Situationen, die an sich gewöhnlich keine Bedeutung haben. Gott bringt solche Ereignisse in unser Leben, um unsere Aufmerksamkeit zu gewinnen, in der Hoffnung, dass wir uns von unserer Tagesordnung und von unseren Plänen »umwenden würden«. »Als aber der Herr sah, dass er herzutrat, um zu sehen, da rief ihm Gott mitten aus dem Dornbusch zu und sprach: Mose! Mose!« (2. Mose 3,4). Als Mose sich umwandte, sprach Gott.

Am Freitagabend haben wir immer eine Gebetsversammlung vor dem Gottesdienst. Viele treffen sich im Esszimmer der Gemeinde, um für die Versammlung zu beten. Eines Abends ging ich etwas früher dorthin, um alleine zu beten. Kaum war ich da, tauchte vor der Fensterwand, die nach Westen schaute, ein Rennkuckuck mit einer Eidechse im Mund auf. Er begann, am Fenster zu tanzen und zu springen, als versuchte er hereinzukommen. Ich lebe in Redding, Kalifornien, und habe viel Zeit draußen in der Natur verbracht. Aber ich hatte in meinem ganzen Leben noch keinen Rennkuckuck gesehen und auch nicht gehört, dass es einen im nördlichen Kalifornien geben würde. Ich näherte mich ihm bis auf einen Meter und dachte: »Das ist zu seltsam, als dass es nicht prophetisch wäre«. Nach wenigen Minuten war er verschwunden. Die Zeit kam, da andere zum Gebet erschienen, und der Raum füllte sich. Dann kehrte der Rennkuckuck zurück. Einer meiner Mitarbeiter sagte: »Schau, der Rennkuckuck ist wieder da!« Ich fragte ihn, was er meinte. Er sagte: »Ja, er war letzte Woche schon da«. Ich antwortete: »Du machst Witze!« Aber offensichtlich war es kein Witz.

In den darauffolgenden Monaten über kam der Rennkuckuck fast zu jeder Gebetsversammlung, gewöhnlich mit einer Eidechse im Mund. Einige unserer Jugendleiter fingen an, sich im Esszimmer zu treffen, um für ihre Hauptversammlung am Mittwochabend zu beten. Der Rennkuckuck begann, auch bei dieser Versammlung aufzutauchen, gewöhnlich mit einer Eidechse im Mund. Am Sonntagmorgen hielt ich jeweils eine »Zeichen-und-Wunder-Schulung«[16] ab. Eines Morgens sprach ich über »Zeichen, die dich zum Wun-

---

16 Engl.: A Signs and Wonders class.

dern bringen«[17], und benutzte den Rennkuckuck als Illustration. Fast auf Zuruf erschien er vor dem Fenster wie schon zuvor. Die Leute zeigten auf ihn und sagten: »Du meinst wohl den da!« Ich war sprachlos. Er kam fast »auf Zuruf«!

Natürlich verbreiteten sich die Nachricht über dieses seltsame, sich wiederholende Ereignis. Viele versuchten zu helfen, indem sie Nachforschungen betrieben, um die Bedeutung herauszufinden. Es wurde mir gesagt, in der Natur bestehe eine Verbindung zwischen dem Rennkuckuck und dem Adler. Sie gehören zu den wenigen Tieren, die eine Klapperschlange, die auch in unserer Gegend lebt, töten und fressen. (Darüber war ich glücklich). Ich wusste bereits, dass Adler das Prophetische repräsentieren, und Schlangen gewöhnlich den Teufel und seine Dämonen meinen. Zu wissen, dass der Teufel durch die Zunahme des Prophetischen niedergetreten würde, brachte mir große Freude.

Während dieser Zeit begannen wir mit dem Bau unserer 24-Stunden-Gebetskapelle mit dem Namen »Das Alabasterhaus«. Der Rennkuckuck verlegte sein Augenmerk weg von unseren Gebetsversammlungen, hin zu diesem Gebäude. Er ließ sich sogar auf einem Felsblock nieder, den viele unserer Leute den Adlerfelsen nannten, weil er auf ungewöhnliche Weise dem Kopf eines Adlers glich. Es schien, als wollte der Rennkuckuck, der Gebetsversammlungen liebte, das Bauprojekt des Gebetshauses überwachen.

Eines Tages gelangte er ins Innere der Gemeinderäumlichkeiten, direkt über den ursprünglichen Gebetsraum. Einer unserer Betreuer, Jason (ein äußerst prophetischer Student in unserer Dienstschule), fand den Vogel in einem großen Gebetsraum im zweiten Stockwerk. Jason drehte etwas Anbetungsmusik auf, setzte sich mitten im Raum auf den Boden und betete den Herrn an. Der Rennkuckuck kam herüber, hüpfte direkt vor ihn und schien sich ihm in der Anbetung anzuschließen. Gelegentlich verließ er Jason und ging zum Fenster, als wollte er hinaus, doch dann kehrte er zurück und stellte sich direkt vor Jason auf, während dieser anbetete.

---

17 Engl.: «signs that make you wonder«

Jason fing an, ein schlechtes Gewissen zu haben, weil er sich so viel Zeit für die Anbetung nahm, während man doch von ihm erwartete, dass er die Räume reinigte. Deshalb stellte er die Musik ab und ging die Treppe hinunter, um andere Räume zu reinigen. Der Rennkuckuck ging mit ihm. Plötzlich öffnete jemand eine Tür in dem langen Flur und erschreckte den Vogel. Er flog bis zum Ende des Flurs, prallte auf das Bleiglasfenster und starb augenblicklich.

Dieser Vogel war für uns wie ein geliebtes Maskottchen geworden, das uns an die Wichtigkeit des Gebets erinnerte. Er liebte offensichtlich Gebetsversammlungen und war für uns als Gemeindefamilie zu einem prophetischen Symbol für die verheißene Zunahme von Gottes Segnungen geworden. Er tauchte zu einer Zeit auf, als viele Glieder bereits weggegangen waren oder im Begriff standen wegzugehen und die Finanzen äußerst knapp waren. Die Eidechse in seinem Mund sprach zu uns davon, dass Gott all das bringen würde, was für diese Bewegung Gottes notwendig war. Da Adler die Propheten repräsentieren, war es offensichtlich, dass das Prophetische in unserer Gemeinde stärker und stärker werden würde.

Jason fand mich und teilte mir die traurige Nachricht mit. Ich bat ihn, mir zu zeigen, wo er den Vogel hingebracht hatte, so dass wir hingehen und ihn von den Toten auferwecken könnten. Mit einer zielstrebigen Zuversicht gingen wir dorthin zurück, wo der Vogel lag. Es machte vollkommen Sinn für mich, dass Gott den Rennkuckuck lebendig haben wollte. Warum sollten wir wollen, dass unsere lebendige prophetische Botschaft tot sein sollte? Seltsamerweise spürte ich tatsächlich, wie die Salbung nachließ, wenn ich mich eineinhalb bis zwei Meter vom Vogel entfernte. Es verwirrte mich. Gottes Gegenwart war auf eine starke Weise auf mir, bis ich nahe hinkam. Es war, als wollte Er mir sagen, dass meine Entschlossenheit gut war, dass aber meine Anwendung und der Zeitpunkt nicht gut waren. Der Rennkuckuck wurde nicht von den Toten auferweckt. Wir waren recht traurig. Dann jedoch sprach der Herr: »Was ich ins Haus hineinbringe, muss wieder aus dem

Haus heraus freigesetzt werden können oder es wird im Haus sterben«.

Dieses Wort betraf das Geld, das wir verzweifelt benötigten, die manifesten Gaben des Geistes, nach denen wir uns ausstreckten, die besonderen Salbungen, in die wir hineinwuchsen, und die Leute, die gerettet werden sollten. Das Wort war kostspielig und klar: *wir können nur behalten, was wir weggeben.*

Prophetie. Dies ist eines der wichtigsten Gebiete meines Lebens. Gott war sehr treu, immer zur rechten Zeit prophetische Leute in mein Leben hineinzuführen – Leute mit großer Integrität. Als Ergebnis davon haben wir eine starke prophetische Kultur. Um unsere prophetischen Leute dazu zu ermutigen, Risiken einzugehen, betonen wir die Verantwortung des Hörers, zu unterscheiden, ob ein Wort von Gott ist oder nicht. Im Alten Testament war der Geist Gottes auf dem Propheten allein, daher trug er allein Verantwortung. Heute ist der Geist des Herrn in jedem Gläubigen, deshalb wurde die Verantwortung auf das Volk Gottes übertragen, herauszufinden, ob ein spezifisches Wort von Gott ist oder nicht. Wenn es von Gott stammt, reagieren wir gemäß der Anweisung, die uns das Wort gibt. Wenn es nicht von Gott ist, versuchen wir, daraus zu lernen und schärfen so unsere prophetische Fähigkeit.[18]

Prophetie kommt zu uns von einer anderen Person. Auch wenn dies eine sehr gefährliche Form sein kann, um von Gott zu hören, kann sie aber auch eine sehr dramatische und glaubensstärkende Form sein. Wird das Wort bestätigt, so dass wir wissen, dass es von Gott stammt, dann müssen wir entsprechend handeln.

Kris Vallotton prophezeite über mir an einem frühen Sonntagmorgen und sagte, Gott werde mich öffentlich unterstützen, indem Er durch eine einzige Opfergabe die ganze Geldsumme einbringen werde, die nötig war, um das Gebetshaus zu bauen. Das war genau an dem Tag, da wir den Eindruck hatten, dass wir das Projekt präsentieren und nach der Präsentation ein Opfer einnehmen sollten.

---

18 Hierüber gibt Kris Vallotton's prophetischer Leitfaden, *A Call to War*, praktischen Einblick.

Im Natürlichen betrachtet war dies die ungünstigste Zeit, um eine große Opfergabe zu erwarten, da dies gerade am Ende der Zeit war, in der uns die tausend Leute verlassen hatten, und wir die bis dahin geringste Mitgliederzahl hatten. Die Summe, die benötigt wurde, um das Gebetshaus zu bauen, war für unsere Gemeinde eine unerhörte Summe, die nicht in einer einzigen Opfersammlung zu erwarten war, selbst dann nicht, wenn die tausend Leute noch unsere Mitglieder gewesen wären. Gegen Ende des Gottesdienstes zählte unser Finanzbeauftragter die Opfergaben zusammen, und wir gaben der ganzen Gemeinde bekannt, dass wir unser Ziel um acht Dollar und etwas Kleingeld übertroffen hatten!

Zeugnisse. Im Alten Testament stammt das Wort Zeugnis von der Wendung »etwas nochmals tun«. Das heißt, dass Gott Seine wunderbaren Werke wiederholen möchte, wenn wir von dem reden, was Er getan hat. Im Neuen Testament haben wir eine Bestätigung dieses Prinzips in Offenbarung 19,10: »Das Zeugnis Jesu ist der Geist der Prophetie«. Damit wird ausgesagt, dass, wenn Gott es einmal getan hat, Er bereit ist, es wieder zu tun. Der gesprochene oder geschriebene Bericht von allem, was Jesus getan hat, trägt die prophetische Salbung mit sich, um eine Veränderung in den Ereignissen des Geistbereiches zu bewirken, sodass das Wunder, von dem gesprochen wird, aufs Neue geschehen kann. In der Tat enthält ein Zeugnis oft die aktuelle Stimme des Herrn. Wenn wir lernen, sie zu erkennen, werden wir dazu befähigt, uns der Bewegung Seines Geistes anzupassen und mit ihrer Kraft zu kooperieren, die in dem Zeugnis freigesetzt wurde.

An einem Sonntagmorgen lehrte ich über die Macht von Zeugnissen und erzählte dabei die Geschichte eines kleinen Jungen, der von Klumpfüßen geheilt worden war. Eine Familie aus einem anderen Staat war zu Besuch gekommen. Sie hatten ein kleines Mädchen, das ungefähr zwei Jahre alt war und dessen Füße so stark einwärts gedreht waren, dass es über seine Füße stolperte, wenn es rannte. Die Mutter hörte das Zeugnis und sagte sich in ihrem Herzen: »Ich nehme das für meine Tochter in Anspruch«. Als sie das kleine Mädchen aus dem Kinderdienst holte, merkte sie, dass seine

Füße bereits vollständig gerade waren! Niemand hatte für sie gebetet. Gott redete aktuell in dem Zeugnis, das die Mutter gehört hatte, und die Tochter war geheilt.

Unsere Sinne. Unsere fünf Sinne sind nicht bloß Instrumente, die uns helfen, uns unseres Lebens zu erfreuen, sondern sie sind auch Werkzeuge, die uns befähigen, Gott besser zu hören. In den Psalmen wird uns gesagt, dass der Leib des Liederdichters buchstäblich nach Gott hungerte (vgl. Ps. 84,2). Im Hebräischen sagt der Verfasser, die Sinne wären »geschult, um Gutes und Böses zu unterscheiden« (vgl. Hebr. 5,14). In jenem Abschnitt wird diese Fähigkeit im Grunde als Zeichen der Reife verwendet – dass man imstande ist, die Sinne zu gebrauchen, um Gott zu erkennen.

Während eines unserer Sonntagmorgen-Gottesdienste kam eine junge Dame und stellte sich direkt vor mich hin. Ich sitze am Ende des Ganges, in der ersten Reihe. (Der vordere Teil des Auditoriums füllt sich jeweils mit Leuten, die ihrem Lobpreis einen freieren Ausdruck geben wollen, denn dort ist mehr Platz als in der Mitte der Reihen zwischen den anderen). Während die Leute ihre Hände erhoben oder tanzten, machte sie mit ihren Händen und Armen alle möglichen Bewegungen. Wir haben eine ganze Anzahl von Leuten, die in unsere Versammlungen kommen und die im Okkultismus involviert waren – einige kommen, weil sie hungrig sind, andere kommen, um zu stören. Wir machen keine große Sache daraus, aber wir bleiben wachsam. Ich wurde auf einmal durch die junge Dame, die sich vor mich gestellt hatte, verwirrt und versuchte, herauszufinden, was da vor sich ging. Es war, als sei mein Unterscheidungsvermögen ausgeschaltet worden. Aber ich bemerkte, dass es dort, wo sie stand, kalt wurde. Ich erinnerte mich an eine dämonische Auseinandersetzung, die mein Bruder mehrere Jahre zuvor hatte, wobei sein Büro sehr kalt wurde und mehrere Stunden so blieb. Ich ging etwa 5 Meter weit weg und stellte fest, dass die Temperatur dort normal war. Ich ging zu Summer, die unserem prophetischen Tanzdienst vorsteht, und bat sie, auf die Bühne zu gehen und zu tanzen. Ich sagte ihr: »Wir müssen im Geist etwas brechen«. Als sie anfing, prophetisch zu tanzen, brach die junge

Dame direkt vor mir zusammen. Die dämonische Macht, die sie inspiriert hatte, wurde durch den prophetischen Akt des Tanzens gebrochen – *in diesem Fall brachte physischer Gehorsam geistliche Freiheit.* Meine Frau kniete sich neben sie hin, diente ihr in der Befreiung und führte sie dann zu Christus.

Verbunden mit einer anderen Welt

Wenn wir das Herz und die Fähigkeit haben, von Gott zu hören, dann verleiht uns das ein unbegrenztes Potenzial, die Erde mit den Ressourcen des Himmels auszustatten. Die Verbindung mit Seiner Welt wird sich als notwendig erweisen, sobald wir kühn die Reiche dieser Welt erobern, die zum Reich unseres Herrn und Seines Christus werden sollen! Das ist das Thema des nächsten Kapitels.

Kapitel 5

Die Gesellschaft einnehmen

Ein Evangelium, das in der Berufswelt nicht funktioniert, funktioniert überhaupt nicht.

Uns wurde die Autorität über diesen Planeten anvertraut. Sie wurde uns zunächst in dem Auftrag übertragen, den Gott der Menschheit dem ersten Buch Mose zufolge gegeben hat (vgl. 1. Mose 1,28-29) und später wurde dieser durch Jesus bei Seiner Auferstehung wieder in Kraft gesetzt (vgl. Mt. 28,18). Doch die Königreichsautorität ist anders, als dies viele Gläubige üblicherweise verstehen. Sie ist die Autorität, Menschen von Qual und Krankheit zu befreien und die Werke der Finsternis zu zerstören. Sie ist die Autorität, die Ressourcen des Himmels durch kreative Ausdrucksweisen in Bewegung zu setzen, um menschlichen Nöten zu begegnen. Sie ist die Autorität, den Himmel auf die Erde zu bringen. Sie ist die Autorität, um zu dienen.

Wie bei den meisten Königreichsprinzipien wirkt sich die Wahrheit über die Herrschaft und Autorität der Menschheit in den Händen solcher gefährlich aus, die den Wunsch haben, über andere zu herrschen. Diese Konzepte scheinen dem Egoismus gewisser Leute Geltung zu verschaffen. Doch wenn diese Wahrheiten durch einen demütigen Diener zum Ausdruck gebracht werden, wird die Welt bis ins Innerste erschüttert. Diener dieser Welt zu werden ist der Schlüssel, um Möglichkeiten die Tür zu öffnen, die man gewöhnlich für geschlossen oder verboten hält.

Weder unser Verständnis von Knechten noch unser Verständnis von Königen kann uns bei dieser Herausforderung viel helfen, denn beide Konzepte sind in unserer Welt verankert, möglicherweise irreparabel. Das ist der Punkt, wo Jesus hereinkommt. Er ist der König aller Könige, und doch ist Er der Diener von allen. Diese einzigartige Kombination im Sohn Gottes ist der Ruf der Stunde an uns. Wie die Wahrheit gewöhnlich in der Spannung zweier im gegenseitigen Konflikt stehender Realitäten zu finden ist, so müssen wir ein Problem lösen. Wie unser Meister sind wir beides: Könige und Diener (vgl. Offb. 1,5; Mk. 10,45). Salomo warnt vor einem möglichen Problem, wenn er sagt: »Die Erde kann es nicht ertragen, wenn ein Sklave König wird...« (nach Spr. 30,21-22). Doch Jesus widersprach der Warnung Salomos, ohne sie deswegen für ungültig zu erklären, indem Er in Beidem erfolgreich war. *Jesus diente mit dem Herzen eines Königs, aber Er herrschte mit dem Herzen eines Dieners.* Das ist die entscheidende Kombination, die von denen angenommen werden muss, die den Lauf der Geschichte mitgestalten möchten.

Königtum ist meine Identität, zu dienen meine Aufgabe. Vertrautheit mit Gott ist meine Lebensquelle. *So bin ich vor Gott also ein Vertrauter. Vor Menschen bin ich ein Diener. Vor den Mächten der Hölle bin ich ein Herrscher, ohne jede Toleranz für ihren Einfluss. Die Weisheit weiß, welche Rolle sie zur richtigen Zeit zu spielen hat.*

Die Einflussbereiche erobern

Es gibt sieben Bereiche der Gesellschaft, die unter den Einfluss des Königs und Seines Königreiches kommen müssen. Damit dies geschieht, müssen wir als Bürger des Königreiches in die Gesellschaft eindringen. Die Herrschaft des Herrn Jesus wird manifest, wann immer das Volk Gottes auszieht, um zu dienen, indem es die Ordnung und den Segen Seiner Welt in diese hereinbringt.

Die Bemühung vieler Gläubiger, einfach nur Führungspositionen zu bekommen, bedeutet, den Wagen vor das Pferd zu spannen. *Das Dienen bleibt unser starker Auftrag und es geschieht durch unser Dienen, dass wir die Wohltaten Seiner Welt in die Reichweite des gewöhnlichen Menschen bringen können.*

Das Königreich wird mit dem Sauerteig verglichen (vgl. Mt. 13,33). Wie Sauerteig eine Wirkung auf das Mehl ausübt, in den er »hineingewirkt« wird, so werden wir alle Königreiche dieser Welt umwandeln, wenn wir in ihre Systeme »hineingewirkt« werden. Von hier aus müssen wir Seine Herrschaft und Sein Königtum darstellen. Wenn das Volk Gottes in diese Bereiche der Gesellschaft eindringt, um die Wohltaten und Werte des Königreiches sichtbar zu machen, dehnt sich Seine Herrschaft aus.

Damit diese Invasion wirksam funktioniert, müssen wir einige falsche Vorstellungen korrigieren. Und wenn wir das tun, ist es ebenso wichtig, die notwendigen Königreichsprinzipien in ihrer richtigen Reihenfolge einzusetzen.

Im Grunde genommen gibt es für einen Gläubigen keine weltliche Berufstätigkeit. Sobald wir einmal wiedergeboren sind, ist alles, was uns betrifft, für die Zwecke des Königreiches erlöst worden. Es wird alles geistlich. Entweder ist etwas ein legitimer Ausdruck von Gottes Königsherrschaft oder wir sollten uns nicht daran beteiligen.

Jeder Gläubige befindet sich im vollzeitlichen Dienst – obwohl nur wenige Predigtkanzeln in Gottesdiensträumen haben. Alle anderen haben ihre Kanzel auf dem Gebiet ihrer Kompetenz und Gunst im Weltsystem. *Sorge dafür, dass du nur gute Nachrichten verkündigst. Und falls nötig, benutze Worte!*

Der Ruf Gottes ist wichtig, aber nicht wegen des Titels, der damit verbunden ist (oder auch nicht). Er ist wertvoll um Dessentwillen, der uns berufen hat. Ein Auftrag, sich im Geschäftsleben zu betätigen, ist im Königreich ebenso wertvoll wie der Ruf, ein Evangelist zu sein. Das Vorrecht, zuhause eine Ehefrau und Mutter zu sein, hat die gleiche Bedeutung wie die, ein Missionar zu sein. Nimm deine Berufung mit der Treue und Dankbarkeit an, die Dessen, der dich berufen hat, würdig ist.

Unser ewiger Lohn hängt nicht davon ab, wie viel Geld wir gemacht haben, wie viele Seelen wir gerettet haben oder wie viele Obdachlose wir gespeist haben. Aller Lohn wird uns aufgrund unserer Treue zu dem zuteil, was Gott uns gegeben oder wozu Er uns berufen hat, es zu tun oder zu sein. *Die Ehre, die wir einander erweisen, darf nicht nur denen zukommen, die offensichtliche geistliche Beschäftigungen verrichten. Ehre muss denen erwiesen werden, die ihrem Ruf treu sind, ganz gleich, worum es sich dabei handelt.*

Der prophetische Dienst sollte sich nicht auf die Sünden der Welt konzentrieren. *Es braucht nur wenig Unterscheidungsvermögen, den Schmutz im Leben der Menschen aufzustöbern. Das Prophetische in seiner reinsten Form ist dazu bestimmt, das Gold im Leben der Menschen zu finden und es an die Oberfläche zu holen.* Dieses Vorgehen verändert die Einstellung der Welt der Gemeinde gegenüber und macht es uns möglich, etwas zum Wohl der Gesellschaft beizutragen, anstatt nur alles, was böse ist, zu konfrontieren.

Verborgener Dienst im Gegensatz zum sichtbaren Dienst

Unsere Gemeinde und Dienstschule ist zumeist für ihren sichtbaren Dienst bekannt – er ist nach außen gerichtet und aggressiv. Wir haben erlebt, wie Hunderte von Menschen an öffentlichen Orten geheilt und befreit wurden. Wir haben sogar Worte der Erkenntnis[19] ausgesprochen, die über die Sprechanlage eines örtlichen Lebensmittelladens weitergegeben wurden. Die Ergebnisse waren erstaunlich. Die Leute reagierten, indem sie sich um die Kasse Nr. 10 versammelten und durch einen unserer jungen Männer namens Chad den heilenden Dienst Jesu empfingen. Nach dieser barmherzigen Demonstration von Gottes Kraft wurden sie eingeladen, ihr Leben Christus zu übergeben. Viele taten es.

Sichtbarer Dienst ist für uns etwas sehr Geläufiges. Ob es nun im Einkaufszentrum, in der Nachbarschaft, an Schulen oder in Geschäften geschieht, das Evangelium wird zu denen gebracht, die in Not sind. Doch das ist nur die eine Seite in der notwendigen »Gleichung« des Dienstes. Die andere Seite ist der Dienst im Verborgenen. Das Wort »verborgen« bedeutet »ein versteckter Ort«. Das bezieht sich auf einen Dienst, der seiner Natur nach viel subtiler ist. Er geschieht im Verborgenen nicht aus Feigheit, sonder vielmehr aus Weisheit. Er wirkt im Innern dieser Weltsysteme, um

---

19 Ein Wort der Erkenntnis liegt vor, wenn jemand etwas über eine andere Person weiß, das man nicht hätte wissen können, wenn Gott es nicht übernatürlich offenbart hätte. In diesem Fall handelte es sich um ganz spezifische Krankheiten derer, die im Laden einkauften und die Gott heilen wollte.

eine Veränderung herbeizuführen, indem die richtigen Gedankennormen, Glaubensansichten, Disziplinen und beziehungsmäßigen Grenzen wieder aufgerichtet werden. Mit anderen Worten: wir arbeiten darauf hin, die Kultur zu verändern. Das benötigt mehr Zeit, da das Ziel nicht in einer besonderen Heilung oder Bekehrung besteht. *Das Ziel ist die Umwandlung der Gesellschaft selbst, indem wir die Systeme einer Stadt durchdringen, um ihr zu dienen. Das Dienen zu ihrem Wohl, nicht zum unsrigen, ist der Schlüssel.* Wie einmal jemand gesagt hat: »*Wir sollten nicht versuchen, in der Welt die Besten zu sein. Vielmehr sollten wir bestrebt sein, das Beste für die Welt zu sein*«. Wenn wir unsere eigenen religiösen Pläne beiseite legen, um anderen zum Erfolg zu verhelfen, haben wir die Gesinnung des Königreiches gelernt und sind zu einem Teil der Umwandlungsbewegung geworden.

Religiöse Ziele ablegen

Die Gemeinde ist manchmal für ihre Bereitschaft zu dienen bekannt, doch gewöhnlich mit wohlgemeinten religiösen Zielen als Endzweck. Es klingt fast gotteslästerlich, aber wenn man nur deshalb dient, damit Menschen gerettet werden, ist das eine religiöse Agenda. So rein und vornehm es uns Gläubigen auch vorkommen mag, auf die Welt wirkt es manipulativ, und es wird als ein Dienst empfunden, der einem unlauteren Motiv entspringt. Die Welt kann das meilenweit entfernt riechen. Wir treiben sie in die Defensive, wenn wir solche Gründe zu dienen in ihren Verantwortungsbereich hineintragen. Wenn wir jedoch in unserer örtlichen Schule freiwillige Arbeit leisten, um dem Schulleiter zum Erfolg zu verhelfen, dann haben wir die Grenze in ein Territorium überschritten, das von der Gemeinde selten betreten wird. Das ist der Dienst zum Wohl eines anderen. Es ist diese Art von einem Diener, welche die Welt gutheißt. Der erstaunliche Pluspunkt liegt darin, dass du so schließlich die Schule auf eine Weise beeinflussen kannst, wie du es nie für möglich gehalten hättest, einschließlich dessen, dass als Nebenerscheinung Menschen zu Christus geführt werden.

Was würde geschehen, wenn Eltern in ihrer örtlichen Schule freiwillige Arbeit leisten würden, um dem Lehrer zum Erfolg zu verhelfen? Im Allgemeinen haben die Lehrer ein echtes Interesse daran, dass die Kinder im Leben Erfolg haben. Sie investieren sich selbst zugunsten einer anderen Generation. Sie verdienen Ehrerbietung für ihre Hingabe; und wir können ihnen dabei helfen, erfolgreich zu sein.

Schuldistrikte sind es gewohnt, dass Christen nach Positionen in Aufsichtsräten örtlicher Schulen trachten. Manchmal arbeiten Eltern mit andern Eltern zusammen, um einen Schulvorsteher dazu zu bewegen, einen Lehrer zu feuern, weil er ein Atheist ist, oder um einen bestimmten Lehrplan zu ändern. Aber was würde geschehen, wenn wir in die Systeme dieser Welt eindringen würden, um dort dem Ehre zu erweisen, dem Ehre gebührt, anstatt diejenigen zu verunehren, von denen wir glauben, sie müssten ausgestoßen werden? Der erste Ansatz führt zu einer Umwandlung durch Gunst. Der zweite ist eine sich-selbst-erfüllende Prophetie der Zurückweisung, da die Welt kaum eine andere Möglichkeit hat, als vor einer Gruppe, welche die Kontrolle ausüben will und von außen kommt, das zu schützen, was ihr wichtig ist. Christen, zumindest in den USA, sind notorisch dafür bekannt, dass sie Schulen durch politische Manöver unter ihre Kontrolle zu bringen versuchen.[20] Das mag von Zeit zu Zeit funktionieren, aber es entspricht nicht die Königsherrschaft Gottes. Auch hält das jeweils nicht lange an. Es gibt einen besseren Weg.

Es ist äußerst interessant, dass man die Fülle des Geistes auch in diesen beiden Vorgehensweisen in Bezug auf den Dienst sehen kann. Wie in Kapitel 2 erwähnt, bahnt die Fülle des Geistes den Weg für »Gläubige, die in Weisheit wandeln, die einen praktischen Beitrag leisten für die Bedürfnisse der Gesellschaft, die auch die Unmöglichkeiten des Lebens mit der bereitgestellten Segensfülle

---

20 Für den Gläubigen ist es nicht nur akzeptabel, in politische Prozesse involviert zu sein; es ist entscheidend. Wir können jedoch unsere Standards einfach nicht herabsetzen, indem wir denken, dass unsere Stärke in politischen Prozessen liegen würde. Anstrengungen im Natürlichen, die wir im Gehorsam Gott gegenüber tun, bewirken geistliche Freisetzung. Sein Eindringen ist unsere Stärke.

von Golgatha konfrontieren und Lösungen herbeiführen durch eine übernatürliche Demonstration von Wundern, Zeichen und Kraftwirkungen. Vielleicht sind es diese zwei Dinge, die im Tandem zusammenarbeiten, die man als *das ausgewogene Christenleben betrachten könnte.*«

Die sieben Verstandespräger der Gesellschaft

Sowohl Dr. Bill Bright, Gründer von »Campus für Christus«, als auch Loren Cunningham, Gründer von »Jugend mit einer Mission« empfingen ungefähr zur gleichen Zeit dieselbe Offenbarung von Gott: Es gibt sieben Haupt-Einflussbereiche in der Gesellschaft, welche die Art und Weise prägen, wie wir leben und denken. Diese Einflussbereiche müssen durch Königreichs-orientierte Leute durchdrungen werden, damit es zur Umwandlung der Gesellschaft kommen kann. Diese Bereiche sind:

- Das Zuhause
- Die Kirche / Gemeinde
- Das Bildungswesen
- Die Medien (elektronische und Printmedien)
- Die Regierung und Politik
- Die bildenden Künste (einschließlich Unterhaltung und Sport)
- Der Handel (einschließlich Wissenschaft und Technologie)

Es ist interessant, dass Gott diese Einsicht zwei Männern gegeben hat, die bedeutende Jugendbewegungen leiten. Es ist offensichtlich, dass Gott möchte, dass eine ganze Generation ihre Berufung wertschätzt, ungeachtet dessen, welchen Titel sie uns einbringt, und dass sie angewiesen wird, wie man eine Kultur bis zu ihrer totalen und vollständigen Transformation durchdringt. Gott beabsichtigt völlig, dass dort eine Erfüllung Seines Wortes stattfindet, dass »die Reiche dieser Welt zu den Reichen unseres Herrn geworden sind« (vgl. Offb. 11,15).

Die folgende Liste unterscheidet sich ein bisschen von der ursprünglichen. Es handelt sich nicht um eine verbesserte Liste, aber sie hat eine etwas andere Betonung, um unsere Anwendung dieser Prinzipien präziser darzustellen. Es handelt sich um: *die Geschäftswelt, das Bildungswesen, die Kirche / Gemeinde, Familie, Künste / Unterhaltung, Wissenschaft / Medizin, und die Regierung* (die Reihenfolge spielt keine Rolle).

Weisheit ist der entscheidende Bestandteil, um bei dieser Durchdringung effektiv zu sein. Zur Erinnerung: Wir haben *Weisheit* mit diesen drei Worten definiert: Integrität, Kreativität und Vortrefflichkeit. *Sie ist die Darstellung der Gedanken Gottes, stets im Kontext einer Integrität, welche die kreativen Lösungen für das Leben hervorbringt, während sie sich an die Standards der Vorzüglichkeit hält.* Diese spielen eine entscheidende Rolle beim Manifestieren der Königsherrschaft auf Wegen, die Gott ehren und die Fragen des Lebens für die Menschheit lösen.

Die Geschäftswelt

Viele Christen haben versucht, in der Geschäftswelt Gunst und Stellung zu gewinnen, haben aber elendiglich versagt. Es ist hart, in dieser Welt ohne Wohlstand Gunst zu erlangen. Wohlstand ist eine vorrangige Messlatte für den Erfolg in diesem Bereich. Wenn wir das im Sinn behalten, ist die Welt dennoch voll von Geschichten über großen finanziellen Erfolg, die aber in jeder anderen Hinsicht ein Desaster waren. Menschen wollen instinktiv beides – äußeren und inneren Erfolg. Der Geschäftsmann bzw. die Geschäftsfrau der Königsherrschaft hat die Chance, ein vollständigeres Bild von Erfolg vorzulegen, indem er oder sie sich nicht nur auf das Geld konzentriert. Ihre Feier des Lebens mit all seinen vielen Facetten, wird stets die Aufmerksamkeit derer auf sich ziehen, die hoffnungslos in der täglichen Mühle von »Geld ist Erfolg« gefangen sind.

Während in jeder Sparte des Lebens Platz ist für sichtbaren Dienst, ist es gewöhnlich nicht die äußere Verkündigung des Evangeliums, die uns in den Augen der ungläubigen Geschäftsleute die Stellung der Gunst sichert. Es ist die göttliche Ordnung (Königsherrschaft) im umfassenden Herangehen an das Leben, in Bezug auf einen selbst, auf Familie, Geschäft und Gemeinschaft.

Selbst die Welt weiß, dass Geld nicht das einzige Maß für wahren Erfolg ist. Die meisten Geschäftsleute wollen viel mehr als nur Geld für ihre Arbeit. Einfache Dinge wie Freude, ein glückliches Familienleben, Anerkennung und bedeutungsvolle Freundschaften sind ein wichtiger Teil eines Lebens im echten Wohlstand. Johannes, der Geliebte, bezeichnete dies als »Wohlergehen der Seele« (vgl. 3. Joh. 2). In diese Suche hinein mischt sich der Schrei danach, Bedeutung zu haben. Die Geschäftsleute der Königsherrschaft sollten dieses Element durch ihr Herangehen an das Leben illustrieren. Die zusätzlichen Bemühungen durch weltweite, humanitäre Hilfeleistungen, in Verbindung mit der persönlichen Anteilnahme an der Beihilfe für die Armen in unseren eigenen Städten, als auch an anderen Projekten, die ein Geben und ein Opfer erfordern, helfen, der Gunst, die auf den Geschäftsleuten der Königsherrschaft (Gottes) ruht, eine Definition zu verleihen.

Einer unserer Männer verkaufte in einem örtlichen Gebrauchtwagengeschäft, das einem der Gläubigen gehörte, Autos. Als eine Frau eintrat, um ein Auto zu kaufen, bemerkte er, dass sie sehr bekümmert war. Durch die Führung des Heiligen Geistes war er imstande, ihr recht tiefgehend zu dienen. Sie öffnete sich Gott und empfing wesentliche Heilung in ihrem Herzen. Als sie fertig waren, sagte er zu ihr: »Weil Sie mir ihr Herz geöffnet haben, kann ich Ihnen kein Auto verkaufen. Es wäre für mich unfair, das zu tun. Stattdessen möchte ich Sie einem anderen Verkäufer vorstellen, der Ihnen helfen kann, das Auto zu finden, das Sie suchen«. Er wollte sich nicht der Gefahr aussetzen, diese Frau zu übervorteilen, indem er ihr etwas verkaufte, als sie ihm gegenüber emotional verletzlich geworden war.

Kris Vallotton besaß einmal eine Kfz-Reparaturwerkstätte und mehrere Autoersatzteilläden. Einmal stahl ein Mann mehrere Reifen und Felgen aus einem seiner Läden. Der Betreffende hatte jedoch keine Ahnung, dass Kris wusste, dass er der Dieb war, und so brachte er sein Auto in Kris' Reparaturwerkstätte. Als jener Kunde eintrat, um sein Auto abzuholen und die Rechnung zu bezahlen, brachte Kris ihn in sein Büro und sagte zu ihm: »Ich weiß, dass Sie meine Reifen und Felgen gestohlen haben. Aber um Ihnen zu zeigen, dass ich Ihnen vergebe, verlange ich keine Bezahlung für die Arbeit, die wir an ihrem Wagen geleistet haben«. Der Mann ging zu seinem Auto und saß etwa fünf Minuten schweigend da, ohne irgendetwas zu tun; er starrte einfach nur so vor sich hin (gelegentlich bekommt jemand ein solches »Evangeliumstraktat«, das er nie vergessen wird. Dieser Mann bekam eines, auf dem »vollständig bezahlt« stand).

Dann gibt es da auch noch die humorvolle Geschichte von einem Angestellten, der wollte, dass einer seiner Mitarbeiter in Schwierigkeiten geriet. Er sagte zu seinem Chef: »Jedes Mal, wenn ich an seinem Büro vorbeigehe, starrt er einfach aus dem Fenster. Man sollte ihn feuern!« Sein Chef antwortete: »Lass ihn in Ruhe. Erst kürzlich kam er mit einer Idee daher, die uns über 300.000 Dollar sparte – einfach, indem er aus diesem Fenster starrte«.

Kreativität ist eine notwendige Komponente für einen Geschäftsmann des Königreiches. Sie bringt frische Ideen hervor, die das Abenteuer zu einem zentralen Teil seines Auftrags werden lassen. Kluge Erfindungen werden in der christlichen Gemeinschaft zunehmen, da Gott diesen Ausdruck von Weisheit benutzt, um einen Vermögenstransfer für Zwecke des Königreiches zustande zu bringen.

»Siehst du einen Mann, der gewandt ist in seinem Geschäft – vor Königen wird er stehen, er wird nicht vor Niedrigen stehen« (Spr. 22,29). Dieser Vers sagt uns zwei Dinge. Erstens: Das Ergebnis von einem Leben, das nach Vortrefflichkeit strebt; es wird die Beeinflusser beeinflussen. Zweitens: Könige verlangen Vortrefflichkeit. Viele machen auf diesem Gebiet Kompromisse, um schnell an Geld zu kommen, doch ist es die Vortrefflichkeit, die auf lange Sicht Vermögen bringt. Das ist ein Vermögen, das keinen Kummer kennt (vgl. Spr. 10,22). Vortrefflichkeit ist ein Königreichs-Wert und sollte nicht mit Perfektionismus verwechselt werden, der eine Fälschung ist und einem religiösen Geist entstammt. *Einer der klarsten Wege, um befördert zu werden, ist der der Vortrefflichkeit.*

Das Bildungswesen

Oft reagiert die Gemeinde auf die Missbräuche des Weltsystems und schafft dadurch einen Irrtum, der an Gefährlichkeit dem gleichkommt, den wir zurückgewiesen haben. Dies traf nie mehr zu als im Bereich der Bildung. Die westliche Mentalität, welche den Verstand für das einzig richtige Maß für Wahrheit hält, hat das Evangelium untergraben. Diese Weltsicht, die Paulus im 1. Korintherbrief bekämpft, ist von unserer Bildungskultur bereitwillig angenommen worden. Es ist seiner Natur nach antichristlich. Denn das Übernatürliche wird dabei der Einschätzung von unwissenden Leuten überlassen. Doch die Lösung für dieses Problem ist nicht, die Bildung abzulehnen; die Antwort ist das Durchdringen des Bildungssystems. Unsere Ablehnung bringt uns um unsere Stellung, in bewahrender Funktion *das Salz der Erde* zu sein (Mt. 5,13).

Gott ist bereit, mit allen zu debattieren (vgl. Jes. 1,18). Er ist sehr sicher in Seinem Verständnis und Seinen Argumenten. Auch bekräftigt Er Seine Einsichten mit Beweisen, die einer genauen Untersuchung standhalten. Es ist entscheidend, dass wir das Bildungssystem durchdringen, da dies den Bereich darstellt, der zum großen Teil das Denken und die Erwartungen der jüngeren Generation prägt. Auch wenn man argumentieren könnte, es seien heute die Unterhaltungskünstler, die eine größere Rolle spielen bei der Prägung der Jugend, so sind es doch die Professoren, Vordenker und Wissenschaftler, die gewöhnlich das Denken der Unterhaltungskünstler prägen.

Unsere jungen Leute müssen glauben, dass sie ihr ganzes Leben auf dieser Erde leben können, und entsprechend planen. Lasst euch ausbilden, heiratet, habt Kinder und tut das alles mit einer Königreichsmentalität. Zu viele Generationen von solchen, welche die Ausgießung des Heiligen Geistes erleben, geben ihren Wunsch nach Schulung und Ausbildung auf, um »das Werk des Herrn zu tun«. So nobel das auch klingen mag, es entstammt einem Missverständnis bezüglich des echten Dienstes und wird von der Vorstellung gespeist, dass wir ohnehin jeden Augenblick von hier weggeholt würden. Dies ist ein heikles Thema, denn wir müssen tatsächlich bereit sein, jeden Augenblick beim Herrn zu sein. Doch wenn die Gemeinde die Wertschätzung der Einstellung zurückgewinnt, *dass es für einen Gläubigen keinen weltlichen Job gibt*, wird die Achtung vor den Positionen in der Gesellschaft zurückkehren, die in früheren Generationen bei Christen einen geringen Wert hatten. Das Verlangen nach dem Himmel ist in Ordnung und gesund. Aber es darf unseren Auftrag nicht ersetzen: »Dein Reich komme; dein Wille geschehe, wie im Himmel, so auch auf Erden« (Mt. 6,10). Wir wurden nicht beauftragt, in die Wolken hinaufzustarren und nach Seinem Kommen Ausschau zu halten (vgl. Apg. 1,11). Es wurde uns geboten, zu »handeln«[21] bis Er kommt (Lk. 19,13).

Unsere Kinder müssen ausgebildet werden und selber Ausbilder werden. Aber dieses Ziel ist nicht vollständig ohne die Königreichsmentalität. Wir schicken sie auf ein gefährliches Territorium, um ihre Ausbildung zu bekommen. Wählt ihre Schulen sorgfältig aus. Jeder Lehrer, der euer Kind erzieht, ist eine delegierte Autorität – eine von euch delegierte Autorität. Die Bibel gibt die Autorität für die Ausbildung der Kinder nicht der Regierung, wie vornehm deren Absicht auch sein mag. Sie ruht auf euren Schultern, also betet, betet, betet, und erzieht, schult und bildet aus.

Wir würden unser Kind nie in ein Restaurant schicken, wo auch nur eines von zehn an Lebensmittelvergiftung stirbt. Aber wir tun dies täglich in unserem Bildungssystem, mit Chancen, die viel schlimmer stehen, als dass es nur einen von zehn träfe. Oft schicken wir unsere Kinder hinaus, unbehütet, in ein System, das darauf hinarbeitet, ihren Glauben und letztlich ihre Beziehung zu Gott zu untergraben. Die Lösung ist jedoch nicht, sich aus der Gesellschaft zurückzuziehen und in die Berge zu fliehen, um die Familieneinheit zu bewahren. Die Lösung lautet: Ausbilden und das System durchdringen. Unsere Ausbildung ist der ihren überlegen, wenn sie authentisch ist, weil sie durch eine persönliche Beziehung zu Gott motiviert wird und weil sie transformierende göttliche Begegnungen beinhaltet.

Was die Gläubigen betrifft, die sich bereits im Bildungswesen befinden – bravo! Durchdringt es mit einer Königreichsmentalität.

---

21 In der englischen King James Bibel steht hierfür das englische Wort »occupy«. *Occupy* (deutsch: einnehmen, besetzen) ist ein militärischer Begriff. Und gemäß den Werten der Königsherrschaft geschieht die »Okkupation« stets zum Zweck des Voranschreitens und der Landeinnahme.

Eine solche Denkweise verschafft uns den Ankerplatz, der nötig ist, um in Stürmen und Konflikten standzuhalten. Sie versetzt uns auch an einen Ort, wo wir die Antworten finden für die Probleme, die durch die unterlegenere »griechische« Denkweise entstanden sind. Die meisten schlechten Ideen (einschließlich der schlechten Theologie) sind nur eine göttliche Begegnung davon entfernt, vergessen zu werden. *Wir schulden den Menschen eine Begegnung mit Gott.* Und das ist es, was ihr zu diesem Einflussbereich beitragt.

Die meisten Menschen in unserer Kultur leben unwissentlich unter dem Einfluss einer dunklen Herrschaft. Aber sie leiden an Problemen, die ihre Lösung im Königreich Gottes und im Gläubigen haben. Sowohl Weisheit als auch Kraft liegen für uns bereit, damit wir aus einer anderen Welt Lösungen finden, um ihre Bedürfnissen zu stillen.

In unserer Bethel-Gemeinde haben wir eine Warteliste von Schulen, die an unserem Programm teilnehmen möchten, bei dem wir uns nach der Schule zum Helfen zur Verfügung stellen. Warum? Wir haben uns an ihre Seite gestellt, um zu dienen, nicht um sie zu übernehmen. Die Freiheit, die unseren Teams gewährt wird (gegenwärtig sieben Schulen pro Woche) ist wirklich recht erstaunlich. Es gibt viele, die glauben, dass das, was wir da tun, unmöglich ist. Leider wird es auch unmöglich bleiben, solange die Gemeinde eine widersprüchliche Beziehung zum Bildungssystem aufrechterhält.

Die ganze Schrift hindurch sehen wir, dass, wenn das Volk Gottes sich bereitmacht zu dienen, Gott ihm mit Kraft den Rücken stärkt. Die Schulen bitten uns um unsere Hilfe. Sie sehen sich täglich Problemen gegenübergestellt, von denen man vor dreißig Jahren noch nie etwas gehört hatte. Das ist unsere Stunde, um einzudringen, zu dienen, und zu Seiner Ehre zu leuchten!

Moralische Werte sind die Grundlage für die Integrität und moralische Werte haben ihre Wurzeln im Charakter Gottes. Der übernatürliche Ausbilder hat Zugang zu einem Bereich der Stabilität, den andere nicht haben. Das will nicht heißen, dass man ein Gläubiger sein muss, um Integrität zu besitzen. Viele Ungläubige haben sie. Doch das übernatürliche Element, das im Bereich des Charakters vorhanden ist, ist nur für diejenigen reserviert, die den Geist des auferstandenen Christus lebendig in sich haben. Junge

Leute brauchten Lehrer und Ausbilder mit Integrität, aber sie brauchen auch welche, die an sie glauben. Wer in einem jungen Menschen den Schatz hervorruft, der in ihm verborgen liegt, zeichnet diesen für sein ganzes Leben aus. Oft pflanzt ein solcher Lehrer einen Samen, den eine andere Person ernten wird, doch das ist die Freude der Königsherrschaft – kein Wort kehrt leer zurück (vgl. 1. Kor. 3,5-9 und Jes. 55,11).

Wir haben in unserer Gemeinde ein Team von Lehrern, die durch Königreichs-Prinzipien Wege angezapft haben, wie man in vielen Kindern Lernschwierigkeiten besiegen kann. Diese kreative Lösung gelangte durch göttliche Inspiration zu ihnen. Sie ist das Ergebnis davon, dass Menschen erkannten, dass sie rechtmäßigen Zugang zu den Geheimnissen der Königsherrschaft haben und auch eine Verantwortung, diese Geheimnisse bei solchen ins Spiel zu bringen, die große Probleme haben. Das beeinflusst jedes Leben in ihrem Einflussbereich. Es gibt Antworten auf alle Probleme, denen wir gegenüberstehen. Es gibt Methoden, Leute zu schulen, die weit über das hinausgehen, was wir heute kennen. Königreichs-orientierte Menschen, die wissen, wer sie in Christus sind, werden diese Geheimnisse zugunsten aller in Anspruch nehmen, die sich um sie herum befinden.

Vortrefflichkeit ist mehr als nur Schüler zu ermahnen, gute Noten zu erreichen. Sie ist eine Gabe Gottes, die das volle Maß der Hilfsquellen von den natürlichen und den übernatürlichen Realitäten in Anspruch nimmt. Einige scheinen einfach in jedem Bereich gut zu sein, während es bei anderen aussieht, als wären sie am Tag, als die Gaben und Talente verteilt wurden, nicht da gewesen. In Wirklichkeit jedoch hat jede Person ein bestimmtes Gebiet, auf dem Gott sie vortrefflich begabt hat, und es ist der weise Lehrer, der in einem Kind dieses Gebiet entdeckt. *Ein vorzüglicher Erzieher wird die Vortrefflichkeit bei dem hervorbringen, der in sich selbst keine findet.*

Der Bereich der Unterhaltung, des Entertainments

Dieser Bereich umfasst die Künste, den professionellen Sport und die Medien. Es ist noch gar nicht so lange her, dass die Welt der

Unterhaltung für so unheilig gehalten wurde, dass es den Gläubigen verboten wurde, sich da hineinzubegeben. Die Gemeinde ist oft auf den Gedanken hereingefallen, die Finsternis sei stärker als das Licht. Die Unterhaltungskunst ist ein Einflussbereich, der eingenommen werden muss. Die Bezeichnung dieses Bereiches als »unheilig« war zutreffend, aber dies wurde leider auch zu einer sich-selbst-erfüllenden Prophetie: *Jedes Gebiet, in das wir nicht eindringen, wird durch unsere Abwesenheit noch dunkler.* Wir sind »das Licht der Welt« (Mt. 5,14). *Die Bereiche der Gesellschaft, in die einzudringen wir versäumen, sind hoffnungslos an die Finsternis verloren. Einzudringen ist die Verantwortung des Lichts.*

Dies ist ein Bereich, bei dem die Erbauung das erste Ziel sein sollte. Wenn Unterhaltung pervertiert wird, dann stiehlt und plündert sie. Doch in ihrer vorrangigen Funktion wirkt sie schöpferisch. Der Begriff »recreatio« (Erholung) stammt von *re-creatio*, Wieder-Erschaffung. Die Unterhaltung muss nicht nur kreativ sein, sie muss etwas erschaffen.

Der Himmel hat das, was wir möchten. Jeder schöpferische Traum ist im Himmel schon Wirklichkeit. Die große Neuigkeit lautet, dass wir durch die Gebete des Glaubens Zugang zu diesem Bereich haben. Es gibt zum Beispiel Klänge im Himmel, die die Erde noch nie gehört hat. Wenn ein Musiker diese Realität anzapft und diese Töne hier zum Erklingen bringt, dann hat der Himmel eine Übereinstimmung gefunden und wird hier unten eindringen. Alle Künste haben ihren Ursprung in der Person Gottes; noch spezifischer, sie sind in Seiner Heiligkeit enthalten. Die Schrift sagt: »... in der Schönheit der Heiligkeit« (Ps. 29,2 – so der hebr. Grundtext). *Es ist tragisch, dass die Heiligkeit vom Volk Gottes so schlecht behandelt wird. Sie ist Gottes Natur, Seine Person. Die Schönheit strömt aus dieser einen Eigenschaft hervor* (vgl. 2. Chr. 20,21).

Als ich aufwuchs, gab es wenige Christen in diesem Einflussbereich. Baseball war meine große Liebe, und ich kannte im Ganzen nur zwei Christen beim Baseball. Ich bin sicher, es waren mehr, aber die Sache war eben nicht allgemein üblich. Heute gibt es viele Teams, die zu einem großen Prozentsatz aus echten Christen bestehen. Dasselbe trifft auf die Künste zu. Kein Bereich bleibt unberührt. Gott pflanzt seine Armee der letzten Tage in diese strategischen Orte des Einflusses hinein.

Mel Gibsons Film »Die Passion Christi« ist ein Zeugnis für die Wende, die in diesem Bereich vor sich geht. Die Türen dieses Gebietes sind weit offen, da sich im Moment die Kreativität auf einem Rekordtiefststand befindet. Unmoral, Eifersucht, Hass und Rache sind armselige Ersatzformen für echte Kreativität.

Auf diesem Gebiet der Integrität besteht ein solches Vakuum, dass alle echten Königreichs-Leute sofort hervorstechen. Wir können jedoch den Druck, den weltlichen Standards zu entsprechen, dem sich der Gläubige gegenübersieht, nicht auf die leichte Schulter nehmen. Es ist für viele zu einer Kunstform geworden, für andere ein Ärgernis zu sein. Die Leute erlangen eine Rechtfertigung in Bezug auf ihren eigenen unmoralischen Lebenswandel, indem sie andere moralisch zu Fall bringen. Doch für diejenigen, die ein echtes Fundament haben, ist der Himmel die Grenze. *In Krisenzeiten werden die Leute sich stets an die wenden, die stabil sind. Integrität wird ein Leuchtturm sein für diejenigen, die durch dieses Land der Enttäuschung und der Scham wandeln.*

Es kann den Anschein haben, dass die Kreativität der Punkt ist, wo wir in diesem Einflussbereich der größten Herausforderung beggnen. Dabei ist das Gegenteil der Fall. Schriftsteller, Designer, und andere Künstler haben die Kreativität mit der Sinnlichkeit vertauscht. Das hat eine riesige Kluft im Bereich echter Originalität hinterlassen. Jeder, der dem Druck entgangen ist, Schrott zu kopieren, wird automatisch in die Stellung versetzt werden, etwas zu erschaffen. Zu lernen, wie man im Geist betet und sich von Seiner Gegenwart durchtränken lässt, wird denen von großem Vorteil sein, die diesen Bereich erobern wollen. Der Himmel hat das, wonach wir Ausschau halten. Dorthin musst du gehen, um es zu bekommen. Die besten Romane und Theaterstücke müssen erst noch geschrieben werden. Die schönsten Melodien, die je das menschliche Ort erfreut haben, müssen erst noch entdeckt werden. Diejenigen mit einem Ohr für Gott werden, wenn sie die Erfahrung des »Sitzens in himmlischen Örtern« entdeckt haben, Zugang zu Dingen haben, die keine Generation je zuvor gesehen hat.

Viele haben fälschlicherweise angenommen, dass der Teufel all die gute Musik habe. Doch er ist nicht schöpferisch. Tragischerweise wird ihm zu vieles zugeschrieben, selbst von der Gemeinde. Wie kommt es, dass eine nicht gläubige Person ein wunderbares Musikstück schreiben oder ein brillantes Drehbuch für einen Film verfassen kann? Wie kommt es, dass sie ein Meisterwerk malen oder Gebäude entwerfen kann, das uns den Atem verschlägt? Auch eine ungläubige Person wurde im Bilde Gottes geschaffen, und Er beseitigt dieses charakteristische Merkmal nicht, wenn ein Mensch gegen Ihn rebelliert (vgl. Röm. 11,29). In jüngster Zeit haben Gläubige, die sich eine Königreichmentalität angeeignet haben, die Welt auf dem Gebiet der Vortrefflichkeit eingeholt oder sogar übertroffen, und sie werden das weiterhin tun.

Die Gemeinde

Jesus warnte Seine Jünger vor dem möglichen Einfluss der Religion auf den Verstand, indem Er sagte: »Hütet euch vor dem Sauerteig der Pharisäer und dem Sauerteig des Herodes« (Mk. 8,15). Die Mentalität der Pharisäer setzt Gott in den Mittelpunkt von allem, aber ihr Gott ist unpersönlich und machtlos. Er wohnt vorwiegend im Bereich der Theorien und Hypothesen. Sie zeichnen sich bei den Traditionen aus, die zweckmäßig sind, und verehren das, was ihnen selbst dient. Aber es gibt nicht vieles in der religiösen Gemeinschaft, das konkret zum Königreich gehört. Denn dieses hat eine weit geöffnete Tür für Leute mit einem erneuerten Denken.

Viele in der christlichen Gemeinschaft haben eine Menge Ernsthaftigkeit. Wenn sie dann jemanden sehen, der tatsächlich die Reinheit und Kraft praktiziert, von der in der Heiligen Schrift die Rede ist, so wird etwas in ihnen lebendig. Sie hoffen, dass es wahr ist. Es fehlen ihnen einfach die Vorbilder. Königreichs-orientierte Leute haben große Gelegenheiten inmitten von großen Widerständen. Doch die Belohnung ist jedes Risiko wert.

Der Erfolg von etwas wird oft mit der Anzahl von Leuten gemessen, die die Gottesdienste besuchen, mit der Anzahl von Büchern oder CDs, die verkauft werden, oder damit, wie viele sich ihre TV-

Ausstrahlungen ansehen. Eine der verbreitetsten Befürchtungen in dieser Welt des Einflusses ist die, dass »jemand meine Schafe stehlen könnte«. *Um diesen Einflussbereich einzunehmen, ist es entscheidend, dass man sich dem Erfolg eines anderen Leiters verpflichtet weiß, ohne die Absicht zu hegen, einen persönlichen Vorteil zu erlangen. Wenn es einem Leiter gelingt, die äußeren Maße des Erfolgs zu ignorieren, so wird ihn das auf diesem Gebiet dazu befähigen, das wertzuschätzen, was der König wertschätzt – Leidenschaft, Reinheit, Kraft und Menschen.*

Barmherzigkeit ist eines der machtvollsten Werkzeuge, die wir besitzen, um diesen Einflussbereich einzunehmen. Eine der Gemeinden in unserem Netzwerk wollte sich um ein örtliches katholisches Waisenhaus bemühen. Sie leben in einer Gegend, wo Protestanten und Katholiken nicht zusammenarbeiten. Tatsächlich sind sie dafür bekannt, dass sie von der Kanzel aus gegeneinander predigen. Als der Pastor zum Priester ging, um mit ihm zu sprechen, begegnete ihm dieser natürlich misstrauisch. Doch der Pastor arbeitete hart daran, ihm zu zeigen, dass er und seine Gemeindeleute eine Gelegenheit suchten, diese Katholiken für ihr Herz, das sie für die Waisenkinder haben, zu ehren. Er bemerkte, dass sie etwas Wichtiges taten, das zu tun keiner der Protestanten bereit gewesen war. Der Pastor fragte, ob es irgendetwas gäbe, das die Kinder dringend brauchten. Der Priester sagte ihm, dass dies Schuhe wären. Trotz ihrer sehr beschränkten Ressourcen kaufte die protestantische Gemeinde Schuhe für jedes Kind. Das Opfer, das von dieser Gemeindefamilie verlangt wurde, um das zu tun, ging weit über das hinaus, was ich an dieser Stelle beschreiben kann. Doch sie taten es. Durch diese schlichte Tat der Liebe wurde die ganze Christenheit der Region aufgerüttelt, von diesem Ausdruck eines authentischen Evangeliums. Eine ganze Stadt wurde geheilt von der religiösen Feindseligkeit, die jahrzehntelang diese Gegend beherrscht hatte.

Das Gebiet der Moral und der Integrität sollte das Gebiet sein, auf dem wir die wenigsten Probleme haben. Doch das ist nicht der Fall. Auch wenn ich den Statistiken nicht glaube, die behaupten, die Gemeinde (authentische Gläubige) ziehe mit der Welt gleich in Sachen Ehebruch und Unmoral, so ist die Statistik dennoch viel zu hoch. Göttliche Begegnungen, angemessene Lehre aus der Schrift, und Rechenschaft gegenüber anderen Gliedern des Leibes können helfen, dieses Problem zu ändern. Gerechte Menschen können für einen gerechten Gruppendruck sorgen. Wenn der Wert der Gemeinschaft als wichtig genug erkannt wird, sodass man Opfer bringt, dann fangen diejenigen, die in Gemeinschaft leben, an, im Licht zu wandeln – offen, mit Integrität und Verantwortlichkeit (vgl. Hebr. 13,15-16).

Die Gemeinde ist für ihre alten, ausgetretenen Pfade, nicht für ihre neuen Ideen bekannt. Gott sei Dank findet eine große Umwandlung auf diesem Gebiet statt. Auch wenn Veränderung um der bloßen Veränderung willen nicht immer heilsam ist, widerstehen diejenigen, die sich einer Veränderung widersetzen, dem Heiligen Geist. Wenn überhaupt jemand für seine Kreativität bekannt sein sollte, dann sollten es diejenigen sein, in denen ein richtiges Bild vom Schöpfer geformt worden ist – nämlich wiedergeborene Gläubige. Es gibt immer einen Weg, wie man Dinge besser tun kann. Immer. *Und die Gemeinde nimmt den Platz ein, der sie dazu befähigt, die Nase vorn zu haben und kulturell den Ton anzugeben.* Kulturelle Relevanz ist berechtigterweise der Ruf der Stunde, aber es muss eine Relevanz *mit* Kraft sein!

Die Gemeinde hat im Bereich der Vortrefflichkeit oft einen bedauerlichen Weg gewählt, und zwar wegen einer falsch verstandenen Demut. Doch die Wahl dieses Weges entspringt normalerweise einem geringen Glauben, und dann gibt man der Demut die Schuld. *Vortrefflichkeit kann und muss der Ausdruck von wahrer Demut sein, da die Demut erklärt: »Unser Bestes für Seine Herrlichkeit!«* Die meisten der Gebiete, auf denen die größten Resultate erzielt werden, beinhalten auch das größte Risiko. Das ist keine Ausnahme. Vortrefflichkeit bedeutet Königsherrschaft. Perfektionismus ist Religion. Armut ist dämonisch.

Die Familie

Der Druck, der heute auf die Familie ausgeübt wird, macht dieses zu einem der leichtesten und wichtigsten Gebiete, die es einzunehmen gilt. Selbst diejenigen, die scheinbar Überstunden machen, um die Familieneinheit zu zerstören, hungern instinktiv nach gesunden Beziehungen; sie hungern danach, Bedeutung zu haben und etwas Großes zu hinterlassen. Alles, was eine Familie tun muss, um in diesem Bereich Einfluss zu haben, ist es, gesund und nicht verborgen zu sein. Wenn die Beziehungen gut und die Grenzen gottgemäßer Disziplin intakt sind, gibt es keine Begrenzung für den Einfluss eines christlichen Zuhauses. *Das Problem war oft ein falsches Verständnis von Heiligkeit, dem zufolge Christen sich in ihrer Freizeit nicht mit Ungläubigen abgaben, dabei aber die gleichen Werte und Gewohnheiten wie diese hatten. Das Gegenteil sollte unser Ziel sein. Wir sollten uns unter die Verlorenen mischen und mit ihnen Zeit verbringen, ohne deren Werte und Gewohnheiten zu übernehmen.* Auf diese Weise haben wir, sowohl als Salz und auch als Licht, unseren angemessenen Einfluss des Bewahrens und Aufdeckens, um sie in ihre Bestimmung zu bringen. Gesunde Familien, die gezielt und überlegt vorgehen, bringen wieder neue gesunde Familien hervor.

Eine unserer örtlichen High Schools hatte Probleme mit einigen ihrer Schüler. Gewisse Eltern hatten die Kontrolle über ihre Kinder verloren und waren ratlos, was sie tun sollten. Die Schule überlegte sich bereits, diese Schüler auf Dauer aus ihrem Programm zu entfernen. Der Schulleiter erkannte in einigen unserer Pastoren eine außergewöhnliche Begabung für das Familienleben. Es lag nicht in ihrem Herzen, zu dominieren oder etwas zu übernehmen; sie wollten einfach dienen. Der Schulleiter ging ein ungeheures Risiko ein und bat sie zu kommen und diesen Eltern bezüglich eines funktionierenden Familienlebens als Mentoren zu dienen. Die Umwandlung innerhalb der familiären Beziehungen war erstaunlich. Teenager, die zuvor ihren Eltern ins Gesicht geflucht hatten, schlugen vor, dass die ganze Familie doch noch ein Brettspiel machen könne, bevor sie alle zu Bett gingen. Einige von ihnen verlangten jeden Abend eine regelmäßige Zeit, um zu reden. Die Wende war so erstaunlich, dass es nun bereits eine Warteliste von öffentlichen Schulen gibt, die möchten, dass dieses Team kommt und mit ihren Eltern arbeitet.

Wenn Eltern einen gottesfürchtigen Charakter und Weisheit haben, Kinder großzuziehen, bringen sie eine Familie hervor, welche die Liebe und Integrität Christi widerspiegelt. Wenn Kinder aufwachsen und einen bestimmten Standard in der Gemeinde sehen, zuhause jedoch einen andern, neigen sie dazu, überhaupt gegen alle Standards zu rebellieren. Umgekehrt – wenn die Integrität echt ist, egal ob man öffentlich sichtbar ist oder nicht, wachsen Kinder mit der Bereitschaft auf, den notwendigen Preis zu zahlen, um den Fußstapfen ihrer Eltern zu folgen, solange ihnen für ihre Individualität Raum gewährt wird.

Das ist ein Gebiet, wo sich ein Gramm Mühe in einem ganzen Pfund Wirksamkeit auszahlt. Wenige Familien leben bewusst das Abenteuer eines gemeinsamen Lebens. Sich einem solchen Abenteuer gemeinsam zu stellen, schafft Raum schafft dafür, dass ein kreativer Ausdruck sichtbar wird. Zu Hause ist meine Frau auf diesem Gebiet sehr gut. Sie ist von Natur aus abenteuerlustig und neigt dazu, den Dingen Freude hinzuzufügen, die ich unbewusst durch mein Ungestüm unterdrücken könnte. Ich habe von ihr gelernt, weil ich lernen wollte. Meine Familie ist besser ... und ich bin besser, wegen ihres unermüdlichen Trachtens nach einem bewussten, kreativen Ausdruck in unserem Zuhause.

Das bedeutet schlicht, dass wir die Dinge stets so gut machen, wie wir nur irgend möglich. Manchmal ist das Geld knapp. Die Vortrefflichkeit wird jedoch nicht daran gemessen, dass man den besten Wagen oder die teuerste Kleidung kauft. Vielmehr zeigt sie sich in unserer Art, das Leben anzugehen – alles von uns für alles von Ihm. Das ist etwas Großartiges!

Die Regierung

Zu wissen, dass Jesus »das Begehren der Nationen« ist, ermutigt uns, wenn wir uns diesem Einflussbereich nähern. Es bedeutet nämlich, dass es unsere schlichte Aufgabe ist, den Begehrten sichtbar zu machen.

Die Regierung lebt gewöhnlich in einem gelähmten Zustand aus Furcht vor den Wählern. Vornehme Leute betreten diese Welt und enden schlussendlich darin, dass sie ihre Träume auf dem Altar der Einschüchterung verlieren. Der Sauerteig des Herodes vergiftet viele (vgl. Mk. 8,15). Aber da gibt es eine neue Rasse, die für diese Stunde zubereitet worden ist, die nur Gott fürchtet und mit einer Weisheit lebt, die sie dazu befähigt, durch das Minenfeld der öffentlichen Meinung zu tanzen. Das ist der Preis für ein wirksames Arbeiten in der Regierung.

Diejenigen, die sich in diesen Einflussbereich begeben, müssen einsehen, dass es notwendig ist, »an Gunst bei Gott und den Menschen« zuzunehmen (Lk. 2,52), wie auch Jesus dies tat. Die Sprüche sind wahrscheinlich das praktischste Buch der Unterweisung zu diesem Thema. Jeden Tag eines Monats eines der 31 Kapitel zu lesen, wird Leitern auf diesem Gebiet einen Kompass vermitteln, so dass nichts auftaucht, wofür es nicht eine Königreichs-Lösung gäbe.

Eine der Frauen in unserer Gemeinde arbeitete kürzlich für das US-State-Department in einem arabischen Land. Sie wurde eingeladen, einen Beitrag für das Bildungswesen in diesem Land zu leisten. Es gab dort ein Problem mit der Disziplin von Jungen in der Mittelschule, und obwohl sie selten einer Frau in ihrem Land auf dieser Ebene Macht verleihen, war die Gunst in Bezug auf ihr Leben größer als die kulturelle Barriere. Sie hielt eine Ansprache an die Lehrer und schrieb dann einen Bericht über dieses Thema, das sich auf die Prinzipien berief, gemäß derer wir in unserer Gemeinde leben – alles Königreichsprinzipien der Disziplin. Die Leiter des dortigen Bildungsbereiches waren von ihrem Bericht so beeindruckt, dass sie den Standard der Disziplin für ihr Schulsystem im ganzen Land übernahmen. Die amerikanische Botschaft reagierte auf dieselbe Weise und schickte den Bericht in all ihre Botschaften rund um die Welt.

Es ist unglücklich, dass die Worte *Integrität* und *Politiker* als Widerspruch in sich betrachtet werden. Das Wort Gottes bleibt wahr: »Wenn es den Gerechten wohlgeht, so freut sich die ganze Stadt« (Spr. 11,10). Die Leute möchten instinktiv von Menschen regiert werden, die ehrlich und gerecht sind. Sie wollen Leiter, die nicht sich selbst dienen, sondern die tatsächlich opferbereit regieren zum Wohl des Ganzen. *Hier wiederum ist es wichtig, dass wir den Standard Jesu annehmen, der lautet: Zu dienen wie ein König, und zu regieren wie ein Diener. Das ist Sein Weg.*

Es ist traurig, Gläubige zu sehen, die den politischen Taktiken von ungläubigen Gegnern verfallen, weil ihre Popularität in den öffentlichen Meinungsumfragen gesunken ist. Es gibt hier einen besseren Weg, vom Führen einer Wahlkampagne bis dahin, sich mit weisen Ratgebern zu umgeben, um gute Entscheidungen zu fällen. All diese Dinge sind Kennzeichen einer Person, die sich der Weisheit der Kreativität verpflichtet hat.

Zwei der grundlegendsten Regierungsrollen sind die, einen Bereich der Sicherheit und einen Bereich des Wohlstandes zu schaffen. Wenn führende Regierungsbeamte ihre Position für persönlichen Gewinn ausnutzen, dann kommt es dem gleich, dass sie ihr Charisma für sich selbst prostituieren. *Vortrefflichkeit zeigt sich darin, dass wir das Beste zugunsten von anderen tun.*

Wissenschaft und Medizin

Diese Bereiche nehmen ständig an Einfluss in der Welt zu. Krankheiten nehmen zu, mit geringen Anzeichen von Heilverfahren. Ich glaube an göttliche Heilung und habe gesehen, wie Tausende durch Jesus Christus geheilt wurden, aber ich habe nichts gegen eine medizinische Behandlung. Die ganze medizinische Gemeinschaft nimmt an Kraft, Glaubwürdigkeit und Einfluss überall in unserer Gesellschaft zu.

Eines unserer Dienstziele ist es, für solche zu beten, die sich *um Sterbende* kümmern. Das schließt Ärzte, Krankenschwestern, Ambulanzmitarbeiter, Hospizangestellte, Polizisten, Feuerwehrleute, etc. ein. *Wir beten dafür, dass Gerechte für diese einflussreichen Positionen ausgesucht werden, weil wir es nahezu unmöglich machen wollen, dass irgendjemand aus unserer Stadt in die Hölle kommt.*

Wir haben eine Person in einer Autoritätsstellung in einem der Hospize in unserer Gegend. Auf den Krankenblättern steht, dass die Krankenschwestern sie rufen sollen, wenn jemand am Sterben ist, damit sie bei ihnen sein kann. Wenn nötig bittet sie sogar die Familienmitglieder, für einen Augenblick das Zimmer des Patienten zu verlassen, während sie mit ihnen betet, damit die sterbende Person Christus annehmen kann. Wir wollen nicht, dass Menschen aus unserer Stadt aus Höflichkeit in die Hölle gehen. Es gibt eine Redensart: »Es gibt keine Atheisten in Schützengräben« – dasselbe könnte man von solchen sagen, die an der Schwelle der Ewigkeit stehen. Menschen sind sehr empfangsbereit für die Wahrheit, wenn sie sich dem Tod gegenüber sehen. *Aufrichtige Liebe und Barmherzigkeit für Menschen, die durch solche zum Ausdruck gebracht wird, die sich innerhalb des Systems bewegen, bringen eine wunderbare Ernte ein. Es ist erstaunlich, was wir tun dürfen, wenn wir demütig hingehen, um einfach nur zu dienen.* Die Leute kennen den Unterschied zwischen einer aufrichtigen, echten Liebe und einer Person, die einfach ihre religiösen Pflichten erfüllt. Echte Liebe hat sehr wenige Gegner.

Ein christusähnlicher Charakter setzt andere stets an die erste Stelle. Der hoch geachtete Bereich der Medizin ist in harte Zeiten geraten wegen der großen Zahl von Ärzten, die fragwürdige Entscheidungen aufgrund von Profit-Margen treffen. Krankenhäuser stehen häufig im Kreuzfeuer der Kritiker, da sie oft ohne Erbarmen vorgehen. Doch das ist nicht die Norm. Die meisten Menschen in diesem Beruf haben zumindest mit einem ernsthaften Erbarmen und dem Wunsch, andern zu helfen, begonnen. Königreichs-orientierte Leute werden aufs Neue leicht ausfindig zu machen sein, da die Not so groß ist. Und wenn diese Leute zudem glauben, dass Gott die Macht hat, zu heilen, umso besser. Wunder geschehen in einem zunehmenden Maße durch die Hände von medizinischem Fachpersonal. Die Zahl von Ärzten, die unsere Heilungskonferenzen besuchen, wächst dramatisch. Es ist eine wunderbare Kombination, wenn wir sehen, wie ein ganzes Segment der Gesellschaft aufsteht, das sowohl im natürlichen wie auch im übernatürlichen Bereich arbeiten kann, um eine gute Gesundheit zustande zu bringen.

Mehr und mehr christliche Ärzte werden von Gott geschult, Antworten in Fragen der Gesundheit zu finden. So wunderbar eine

Heilung auch ist, göttliche Gesundheit ist besser. Gläubigen ist in Bezug auf dieses Thema Zugang zu den Geheimnissen der Königsherrschaft gewährt worden. Es wäre tragisch, am Ende der Zeit anzulangen und herauszufinden, dass die einzige Generation, die jemals in großem Stil göttliche Gesundheit erfahren hat, die Israeliten während ihrer Wüstenwanderung waren. Sie lebten unter einem minderwertigeren Bund und befanden sich in Rebellion gegen Gott. Ein minderwertigerer Bund kann nicht größere Verheißungen in die Wirklichkeit bringen. Diejenigen in diesem Einflussbereich haben Zugang zu Dingen, nach der die ganze Welt eindringlich fragt. Gott um spezifische Lösungen zu bitten wird diejenigen, die im medizinischen Sektor beschäftigt sind, befähigen, einer sterbenden Welt hoffnungsvoll einen wahren kreativen Ausdruck vor Augen zu stellen.

Diese Berufsgruppe hat einen Vorsprung auf dem Gebiet der Vortrefflichkeit, da sie es gewohnt sind, für ihre Rolle in der Gesellschaft einen bedeutenden Preis zu bezahlen. Wenn sie Leidenschaft und Disziplin aufrecht erhalten können, und dabei mit demütigem Herzen vorgehen, wird ihnen nichts unmöglich sein.

Leidenschaft für Gott schafft Leidenschaft für andere Dinge

Leidenschaftlich und ermutigt zu bleiben ist entscheidend, wenn wir uns dem Vorrecht gegenübersehen, diese Einflussbereiche einzunehmen. Leidenschaft nimmt ab, wenn sie sich einzig auf die Eigenmotivation stützt. Gott hat Feuer in Seinen Augen! Häufige Begegnungen mit Ihm werden jede Flamme in uns am Brennen erhalten. Doch Ermutigung ist etwas anderes. »Wer in Zungen redet, erbaut sich selbst« (1. Kor. 14,4). Dr. Lance Wallnau fügt diesem Wort »erbaut« einen interessanten Gedanken hinzu. Er zeigt auf, dass »Gebäude« ein hierzu verwandtes Wort ist, und dass derjenige, der in Zungen redet, »das Gebäude aufbaut, von dem aus die Absichten Gottes für sein Leben offenbar werden«. Vielleicht ist das der Grund, weshalb der Apostel Paulus behauptete, dass er mehr in Zungen rede als sie alle. Er baute etwas Großes für Gott auf!

Oft denken wir immer noch in Begriffen von geistlich und weltlich, wodurch wir unseren Einfluss in den Gebieten, die nicht offensichtlich geistlich sind, eliminieren. Das nächste Kapitel wird sich mit der praktischen Anwendung dieser Wahrheiten beschäftigen und sich weiter zu diesem Leitgedanken äußern, *wie unsere Liebe für Gott unsere Liebe für andere Dinge beeinflusst.*

Kapitel 6

Die praktische Seite der Dinge

Wenn es dir wichtig ist, dann ist es auch Ihm wichtig.

Vielleicht habt ihr auch schon gehört, dass gesagt wurde: »Gott ist die Nummer 1, die Familie ist die Nummer 2 und die Gemeinde ist die Nummer 3...«. Diese inoffizielle Liste ist bedeutsam, da sie ein paar der Prioritäten im Leben eines Christen aufzeigt, die im Laufe der Jahre etwas durcheinander geraten sind. Ich weiß von vielen Tragödien in Pastorenfamilien, weil sie diese Prioritäten des Königreich-Lebensstils ignorierten. Doch so gut diese Liste auch sein mag, ich glaube dennoch nicht, dass sie richtig ist. Denn wenn Gott die Nummer 1 ist, dann gibt es keine Nummer 2.

Aufgrund meiner Liebe zu Gott bin ich ganz für meine Frau und meine Kinder da. Das geschieht nicht losgelöst vom Herrn, sondern für Ihn. Es ist nicht so, dass ich meine Frau nicht auch lieben könnte, wenn ich Gott nicht lieben würde – viele Ungläubige tun das recht gut. Doch indem ich Gott kenne und liebe, bin ich in einem Ausmaß von übernatürlicher Liebe freigesetzt worden, die ohne Gott nicht erreichbar ist. Man sollte sagen können, dass jeder, der vollständig an Gott hingegeben ist, andere mehr lieben sollte, als dies die anderen je für möglich halten würden. Aus meiner Leidenschaft für Jesus heraus liebe ich die Gemeinde so, wie ich es tue. Meine Liebe zu Gott *ist* meine Liebe zum Leben. Beides kann nicht voneinander getrennt werden. Meine Familie, meine Gemeinde, meinen Dienst... zu lieben ist ein Ausdruck meiner Liebe zu Gott. Denn Gott ist die Nummer 1, der Einzige.

Die Religion ist das, was diesen Prozess zerstört, weil sie voraussetzt, dass nur offensichtlich geistliche Aktivitäten als Dienst für Gott gelten können, und dass alles, was nichts mit Bibellesen, Zeugnisgeben, Gottesdienstbesuch etc. zu tun hat, kein echter christlicher Dienst sei. Die Religion drängt uns zurück in die Spaltung von einem geistlichen und einem weltlichen Teil des Christenlebens. Wer ein solch zwiespältiges Leben führt, benötigt eine Prioritätenliste, um zu überleben; sonst wird er sich nicht um andere Dinge von Bedeutung kümmern. Ein solches Konzept von Gott erlaubt es nicht, konkret eine Leidenschaft für etwas zu haben, das nicht als eine christliche Disziplin betrachtet wird.

Was für einige wie eine Wortklauberei erscheinen mag, hat aus diesem Grund einen bestimmten Zweck: Wir müssen in unserem Denken eine Wende vollziehen, so dass wir erkennen, *dass eine Leidenschaft für Gott einer Leidenschaft für andere Dinge zum Leben verhilft.* Und es sind diese anderen Dinge, die *als für den Herrn* angestrebt werden sollen. Wir sollten diese nicht erleben als stünden sie in Konkurrenz zu (oder als wären sie losgelöst von) unserer Hingabe an Gott. Das vielleicht beste Beispiel in der Schrift für diesen Tatbestand findet sich in 1. Johannes 4,20. Dort steht, dass, wenn wir Gott lieben, dies an unserer Liebe zu den Menschen gemessen werden kann. Das ist ein solch absolutes Prinzip, dass Gott sagt, wenn wir andere nicht lieben, wir im Grunde Ihn nicht lieben. Der Punkt ist der: *Im Gefolge unserer Leidenschaft für Gott wird eine Leidenschaft für andere Dinge hervorgebracht.* Oft stellen wir, wenn wir uns an solche Dinge hingeben, unsere Liebe zu Gott unter Beweis und bringen sie auf diese Weise zum Ausdruck.

In meinem Fall ist meine Liebe zum »In-der-Natur-Sein« Teil meiner Hingabe an Christus. Während einige die Natur anbeten, bete ich Den an, auf Den sie hinweist – den Schöpfer. Meine Liebe zu meiner Familie, zum Jagen und Fischen, zu den Bergen und zum Ozean, zu exklusiven Füllfederhaltern und französischem Röstkaffee ist für mich Teil meines Lebensgenusses; und diese Freude wird vollständig durch eine Beziehung zu Ihm geboren.

»Die Himmel erzählen die Herrlichkeit Gottes, und die Ausdehnung verkündet seiner Hände Werk. Ein Tag berichtet es dem andern, und eine Nacht meldet der anderen ihre Kunde.«
(Ps. 19,2-3)

»Was von Ihm unsichtbar ist – Seine immerwährende Kraft und Göttlichkeit – kann seit der Erschaffung des Kosmos an den Werken (Gottes) erkannt und angeschaut werden, so dass es für sie keine Entschuldigung gibt.« (Röm. 1,20; Haller)

Davids höchste Freude

Die ganze Schrift hindurch ist David als »der Mann nach dem Herzen Gottes« bekannt. Seine Leidenschaft für Gott scheint in der Schrift nicht ihresgleichen zu haben; aber er illustriert auch eine Liebe zum Leben, die ihresgleichen sucht. In Psalm 137,6 sagt er: »Meine Zunge soll an meinem Gaumen kleben, wenn ich nicht an dich gedenke, wenn ich Jerusalem nicht über meine höchste Freude setze«. In der heutigen Christenheit würde diese Aussage wahrscheinlich nicht akzeptiert werden. Wie kann man Jerusalem, die Gemeinschaft der Erlösten, seine höchste Freude nennen? Sollte nicht Gott seine höchste Freude sein? Doch das scheinbare Paradoxon passt vollkommen in die jüdische Kultur, die stets nach einem praktischen Ausdruck für geistliche Wahrheiten trachtet. Davids Liebe für Gott benötigte einen Ausdruck, und Jerusalem war da ein perfekt geeignetes Ziel.

Wenn wir mit einer aufrichtigen Leidenschaft für Gott leben, bewirkt das eine Leidenschaft für andere Dinge. *Auch wenn es möglich ist, andere Dinge höher zu schätzen als Gott, ist es nicht möglich, Gott zu schätzen ohne gleichzeitig auch andere Dinge wertzuachten.* Das ist der Schlüsselgedanke, mit dem die religiöse Mentalität konfrontiert wird, welche alles ablehnt, was man nicht dezidiert als heilig bezeichnen könnte. Die Bemühung, das Ziel, Gott zu lieben, ohne irgendeine andere Leidenschaft zu erreichen, musste einen klösterlichen Lebensstil hervorbringen, um überleben zu können. Und auch wenn ich viele der monastischen Gläubigen der Vergangenheit bewundere, ist es dennoch nicht das Modell, das uns Jesus gab. Die Art und Weise, wie wir den häufig weltlich genannten Rest des Lebens bewältigen, wird zur Nagelprobe, die eine authentische Liebe zu Gott demonstriert.

Meine Prioritäten im Gegensatz zu denen Gottes

Wie die meisten Christen habe ich eine Liste von Dingen, für die ich bete. Diese stehen für die grundlegenden Wünsche und Bedürfnisse meines Lebens und derer, die ich liebe. Und wenn sie auch nicht unbedingt auf einem Blatt Papier stehen, so sind sie doch zumindest in meinem Herzen niedergeschrieben. Auf der Liste stehen Dinge, die eine offensichtlich ewige Bedeutung haben – Gebet für unsere Städte, für die Errettung bestimmter Leute, denen wir gedient haben, für den Durchbruch zur Heilung bei schweren Fällen, für die notwendigen Mittel – sowohl für mich persönlich als auch für die Gemeinde. Auf die dringendsten Anliegen folgt der »Es-wäre-schön,-wenn«-Abschnitt der Liste. Er ist lang und enthält Dinge unterschiedlicher Dringlichkeit. Doch habe ich festgestellt, dass Gott oft die Liste übergeht und direkt zum »Ich-habe-mich-nicht-einmal-bemüht,-dafür-zu-beten«-Teil weiterschreitet, der sich irgendwo tief in meinem Herzen befindet. Das empfinde ich als angenehm, oft aber auch als eine Zumutung.

Bei einer solchen Gelegenheit kam ein Freund zu mir und sagte: »Hey, hättest du gerne einen Jagdhund?« Ich hatte mir stets einen gut trainierten Jagdhund gewünscht, doch hatte ich weder die Zeit noch das Geld für einen solchen Luxus. Auch stand so etwas nicht auf meiner Liste. Er fuhr fort und sagte: »Ein Hundetrainer schuldet mir einen großen Gefallen und sagte deshalb, er würde mir jeden Hund geben, den ich möchte. Ich selber brauche keinen weiteren Hund. Also sag mir, was für einen Hund du möchtest, und ich werde ihn für dich bekommen«. Einfach so wurde ich nun zu einem Hundebesitzer, was gar nicht auf meiner Gebetsliste stand. Es befand sich nicht einmal auf dem »Es-wäre-schön, wenn« -Teil der Liste. Es war nicht wichtig genug. Es war jedoch ein heimlicher Wunsch in meinem Herzen. Gott überging all das, was von solch ewiger Bedeutung war und wählte etwas Zeitliches und scheinbar Unbedeutendes.

Zuerst fiel mir das nicht leicht. Nicht dass ich nicht dankbar gewesen wäre; das war ich. Aber es ergab keinen Sinn. Ich hätte es lieber gehabt, die Trumpfkarte für etwas einsetzen zu können, das für mich wichtiger war.

Es brauchte eine Weile, aber schließlich begriff ich. Meine Bitten waren wichtig, doch meine Sicht von Ihm war wichtiger. *Es war zu diesem Zeitpunkt und auf diese Weise, als ich erkannte, dass, wenn etwas mich betraf, es auch Ihn betraf.* Dass Er meine »dringliche« Gebetsliste, sowie meine »Es-wäre-schön, wenn« -Liste, einfach überging und in die »Geheime-Wünsche-meines-Herzens« -Liste eindrang, zeigte mir mehr über meinen himmlischen Vater, als wenn Er alle anderen Dinge erhört hätte, für die ich gebetet hatte.

Eine erneuerte Sicht von Gebet

Häufig kommen Menschen zu mir und bitten mich, mit ihnen für die Heilung von jemand anderem zu beten. Manchmal haben sie selbst eine offensichtliche physische Not, aber sie bitten stattdessen um die Heilung ihres Freundes. Wenn ich dann darauf dränge und sie nach ihrem eigenen Zustand frage, sagen sie gewöhnlich etwas in der Art: »O, ich möchte lieber, dass Gott ihn heilt, statt mich. Er hat Krebs. Ich habe bloß eine schmerzende Bandscheibe.« Ihr Erbarmen ist wunderbar, weil sie die Not eines anderen ihrer eigenen vorziehen. Doch ihre Vorstellung von Gott ist falsch. Wirklich falsch!

Er hat nicht eine begrenzte Kraft. Oder, um es anders auszudrücken: Ihm wird nicht die Kraft ausgegangen sein, nachdem Er ihren Rücken geheilt hat. Er wird dann immer noch genügend Kraft haben, um auch noch den Krebs ihres Freundes zu heilen. Zudem ist es nicht so, dass man nur einen Wunsch frei hat, und dann leer ausgeht, wenn der erste gewährt worden ist. Das Verlangen für einen Freund ist edel, aber es handelt sich nicht um eine Entweder/oder-Situation. Und außerdem ist Seine Aufmerksamkeitsspanne ausgezeichnet; im Grunde genommen ist sie so gut, dass Er jedem menschlichen Wesen auf diesem Planeten ständig Seine ungeteilte Aufmerksamkeit schenken kann. Auch sieht Er unsere Gebete nicht in derselben Dringlichkeitsskala wie wir. Einige zum Beispiel würden es so sehen: »Natürlich heilt Gott Krebs. Das ist wichtig. Meine schmerzende Bandscheibe ist nicht so wichtig. Ich habe gelernt, damit zu leben«. Wir denken, der Krebs sei dringlich (und das ist er auch), und alles andere sollte im Verhältnis dazu zurückstehen. In Wirklichkeit ist es oft die kaputte Bandscheibe, die zuerst geheilt wird. Und die Zunahme des Glaubens durch diese Erfahrung hilft dabei, dann den Glauben aufzubringen, der für die Heilung von Krebs notwendig ist. Unsere Logik hält nicht Schritt mit der Seinen, und Er wird sich diesbezüglich nicht ändern.

Träume, die wichtig sind

Im Folgenden berichte ich euch von drei Geschichten und von einer ungewöhnlichen Erfahrung in einem Hotel. Sie sind wahr, einfach, und doch sehr tiefgründig. Aus Hunderten von Begebenheiten, die erzählt werden könnten, habe ich diese ausgewählt, weil sie an sich keine offensichtlich ewige Bedeutung haben. Doch sind sie sehr bedeutungsvoll für diejenigen, die ihre Welt beeinflussen möchten. Die Berichte davon, wie Gott Regierungen und unterschiedliche Systeme der Welt in Beschlag nimmt, um sie zu ändern, nehmen täglich zu. Viele davon stehen in anderen wunderbaren Büchern. Auch wenn sie für uns, für mich, sehr bedeutungsvoll sind, wird doch das Wesen Gottes in Seinem Eingehen auf einfache, zeitliche Dinge viel klarer sichtbar.

Giftige Möbelpolitur

Barry und Julie Schaffer hatten ein Holzbehandlungsmittelgeschäft, mit dem sie 1987 anfingen. Sie behandeln Holz für Häuser und Geschäftsräume vor. Die Materialien, die sie dafür benutzten, waren giftig und recht gefährlich. Aus offensichtlichen Gründen waren sie darüber sehr besorgt und fingen deshalb an, nach einem gleichwertigen Produkt auf Wasser-Basis zu suchen. Sie entschlossen sich, dass, wenn sie kein gutes Produkt auf Wasser-Basis finden würden, das sie verwenden könnten, sie diese Branche aufgeben würden. Die Suche war im Gange, doch nichts, was sie versuchten, hatte dieselbe Qualität wie das giftige Material, das sie bisher verwendeten.

Nach mehreren Jahren, in denen sie mit Produkten arbeiteten, die nicht gut wirkten, entschlossen sie sich dazu, ein eigenes Produkt zu entwickeln. Barry nahm Kontakt mit Leuten dieser Branche auf und holte sich chemische Formeln aus der Chemie-Industrie. Er versuchte immer wieder, mit dem zu arbeiten, was man ihm gesagt hatte, doch nichts erwies sich als richtig oder funktionierte einigermaßen.

Nach dem tragischen Tod ihres dritten Kindes, Amy, lernten Julie und Barry Jesus kennen. Wieder einmal sehen wir, wie die wunderbare Gnade Gottes genau den Umstand gebrauchte, der vom Teufel geschickt wurde, um zu vernichten, um uns dann wirklich zu Ihm zu ziehen. Nach ihrer Bekehrung hatte Julie noch immer mehrere Fehlgeburten. Sie wurde mit ihrem vierten Kind schwanger, bekam jedoch Blutungen. Sie sagte Barry, sie würde nicht zur Arbeit zurückkehren, bis sie wüsste, ob sie dieses Baby austragen könne. Julie ging nach Hause, um zu beten und den Herrn zu suchen, bis sie eine Antwort hätte. Jeden Tag kam Barry nach Hause, um ihr das Mittagessen zuzubereiten. Ungefähr zwei Monate lang verließ sie die Couch nicht mehr. Sie beteten jeden Tag, und dann kehrte er nachmittags zur Arbeit zurück. An einem dieser Tage fingen sie an zu beten, als der Heilige Geist Julie eine Reihe von Buchstaben und Zahlen gab mit der Anweisung, es Barry mitzuteilen. Sie zögerte und fühlte sich sehr unbehaglich, weil ihr dies noch nie zuvor passiert war. Als sie es schließlich tat, sagte er: »Ich glaube ich weiß, was das bedeutet«. Er ging in das Geschäft zurück und benutzte es als Formel, um den Politurbelag herzustellen, den er schon seit Jahren zu fabrizieren versuchte. Es funktionierte! Er benutzte diese Formel, um ihr nicht-toxisches Produkt auf Wasser-Basis herzustellen. Dieselbe Formel wurde zur Grundlage für viele andere Produkte.

Sie haben Gott immer all die Ehre für ihre radikale Bekehrung gegeben und auch für diese kreative Idee. Auch glaubten sie, Gott würde noch mehr Ehre bekommen, wenn die Dinge sich weiter entwickeln würden, und sie versuchten oft, ihr Geschäft auszudehnen. Doch hatte keiner von beiden die Zeit, das Geld oder den Ehrgeiz, um in das große Marketing und den großen Vertrieb einzusteigen. Dann, im Jahre 2001, baute ein Mann ein Holzhaus in Michigan und benutzte dabei ihre Produkte. Er war ein 44-jähriger Geschäftsmann, der sich zur Ruhe gesetzt hatte, weil er eine Menge Geld in der Computer-Industrie gemacht hatte. Er benutzte ihre Einfärbemittel und Lacke für das Innere seines Hauses und war davon so sehr beeindruckt, dass er mit dem Bauunternehmer über sie sprach. Als er hörte, dass es eine kleine örtliche Firma war, die von nur zwei Leuten aufgebaut und betrieben wurde, aktivierte das seinen unternehmerischen Geist. Er nahm Kontakt mit ihnen auf und schlug ihnen vor, ihre kleine Firma zu verkaufen. Sie beteten viel darüber, weil sie wussten, dass Gott sie ihnen gegeben hatte. Nach zwei Jahren, in denen sie den Herrn in dieser Angelegenheit wieder und wieder gesucht hatten, kamen sie überein, über einen möglichen Verkauf zu sprechen. Als sie sich schließlich auf eine Summe geeinigt hatten, war dies mehr, als sie sich je hätten vorstellen können, in ihrem ganzen Leben zu verdienen. Sie entschlossen sich, die Firma zu verkaufen und ein neues Leben zu beginnen, um dem Herrn in der Mission und in der Evangelisation zu dienen.

Es war Gottes schöpferische Fähigkeit, die diese Dinge geschehen ließ. Barry hatte kein Studium der Chemie absolviert. Er betete, sooft er im schöpferischen Prozess nicht weiterkam, und Gott hatte stets die richtige Person zur Stelle oder die richtige chemische Probe, um wieder etwas herauszufinden. Der hauptsächliche Durchbruch kam, als die »Eindrücke des Heiligen Geistes«, die Julie erhielt, wirklich eine Formel enthielten für das letztendliche Produkt – ein Geheimnis in der Sphäre des Königreiches Gottes, das außer Reichweite gewesen war, bis jemand sich gezielt und beharrlich danach ausgestreckte.

Aber zu ihrem größten Wunder sollte es erst noch kommen. Nachdem ihnen gesagt worden war, dass sie nie mehr ein weiteres Kind haben würden, gab ihnen Gott ihr viertes Kind, einen Sohn.

Ein besserer Bogen

Matt McPherson ist bekannt als ein Mann mit einer großen Leidenschaft für Gott. Seine Liebe gilt dem Dienst am Evangelium durch Musik und Anbetungsleitung. Als ihm jedoch für ein Wochenende des Dienstes ein Scheck von nur 15 Dollar ausgehändigt wurde, erkannte er, dass dies ein sehr herausfordernder Weg sein würde, um seine Familie zu ernähren. Bald nach dieser Erfahrung gab ihm Gott diese wunderbare Verheißung: »Ich werde dich im Geschäftsleben erfolgreich machen, so dass du im Dienst unabhängig sein kannst.«

Das Folgende ist ein kurzer Bericht von Gottes Treue dieser Verheißung gegenüber.

Die Art, wie Matt das Leben angeht, ist erfrischend, weil ihm die Mittelmäßigkeit Mühe bereitet. Der bloße Gedanke, durchschnittlich zu sein, ist für ihn erschreckend. Er hat kein Verlangen nach Berühmtheit oder Macht, aber er weigert sich, in seinem Leben passiv zu sein. Er möchte einen Unterschied machen. Seine Liebe zu Gott hat eine Leidenschaft für Vortrefflichkeit und Kreativität hervorgebracht, die bewundernswert ist.

Eines Tages sagte Gott etwas zu ihm, das sein Leben für immer veränderte: »Ich kenne die Antwort auf jedes Problem in dieser Welt. Wenn die Menschen mich bloß fragen würden, würde Ich ihnen die Antworten geben«. Matt war überwältigt von der Verheißung und dem Gefühl der Ehrfurcht, die er für Gott in diesem Augenblick empfand. Er fiel auf seine Knie und schrie zu Gott hinsichtlich der Dinge, die ihn betrafen. Als junger Mann fand Matt Gefallen an dem Hobby, Pfeilbogen herzustellen und zu schießen. Die Liebe zum Bogenschießen war in ihm gewachsen, seit er als Kind mit seinem Vater und seinen Brüdern auf die Jagd gegangen war. Nachdem er die Offenbarung darüber erlangt hatte, dass Gott die Antwort auf jede Frage des Lebens habe, bat er Gott, ihm zu zeigen, wie er einen besseren Bogen bauen könnte. Er kannte hunderte von Wegen, wie man keinen bauen sollte, doch er ging auf Gottes Einladung ein, Ihn um die Lösung eines Problems zu bitten. Mehrere Wochen später, etwa um drei Uhr morgens, wachte er auf und sah vor seinen Augen ein Stück Papier. Es sah aus, als sei es aus einem Notizblock gerissen worden. Darauf war ein Entwurf für einen Bogen zu sehen, dem ein völlig neues Konzept zu Grunde lag. Als seine Frau, Sherry, ihn fragte, was er mache, sagte er: »Ich glaube, ich habe gerade eine Vision«. Das hatte er in der Tat. Als Antwort auf sein Gebet gab ihm Gott das erste Konzept für das, was später als die Matthews Archery Company hervorging, welche die Bogenindustrie für immer veränderte.

Pfeilbogen haben ein typisches Problem an sich: Sie haben zwei Nocken/Kerben, die richtig synchronisiert sein müssen, damit der Pfeil richtig abgeht. Die Idee, die Gott auf dem ihm hingehaltenen Blatt Papier aufzeigte, war ein völlig neues Konzept im Bogendesign. Es war ein Bogen mit nur einem Nocken, der die Frage des Synchronisierens überflüssig machte. Schon allein diese Idee stellte die Bogenindustrie auf den Kopf.

Heute ist Matthews Inc. die größte Bogen-Herstellerfirma der Welt. Nicht nur verkaufen sie ungeheure Mengen von Pfeilbogen; sie verkaufen ein Produkt von überragendem Design und hervorragendem handwerklichem Können. Die Kombination von Quantität und Qualität ist eine seltene Mischung in der Geschäftswelt von heute. Aber die Verpflichtung der McPherson Familie, Gott zu ehren in allem, was sie tun, hat die Gunst Gottes für alles, was sie tun, zunehmen lassen.

Nicht alle kreativen Ideen müssen von einem hingehaltenen Blatt Papier kommen. So aufregend Matts Geschichte auch ist, das größere Bild ist das eines Mannes und einer Frau, die sich selbst vollständig Gott hingeben haben, zu Seiner Ehre. Weil Gott sie als vertrauenswürdig befand, vertraute Er ihnen Ideen von großem Wert an. Matt ist Inhaber von mindestens 20 Patenten, mit weiteren, die bereits beantragt worden sind. Matt und Sherry haben die Berufung zum Dienst für Gott im Geschäftsleben angenommen. 1998 wurde er in die Hall of Fame der Bogenschützen aufgenommen.

Vor seinem Durchbruch in der Pfeilbogenindustrie führte Matt eine Autoreparaturwerkstätte und musste den Raum mit einer anderen Werkstatt teilen. Eines Tages beobachtete er einen der anderen Inhaber, wie dieser bewusst ein Fahrzeug beschädigte, damit er mehr Versicherungsgeld kassieren konnte. Matt brachte die Angelegenheit zur Sprache; die Reaktion des anderen Inhabers Matt gegenüber war, dass dadurch niemand zu Schaden käme und dass man eben in diesem Geschäft Kompromisse machen müsse, um sich seinen Lebensunterhalt zu sichern. Matt sagte ihm, dass er damit falsch liege, und machte sich daran zu beweisen, dass man auch ohne Preisgabe der persönlichen Integrität Erfolg haben könne. Heute, soweit Matt weiß, muss sich dieser Mann noch immer seinen Lebensunterhalt erkämpfen, während Matt den Segen demonstriert, der einer ehrlichen Lebensweise entspringt – einen Wohlstand, der kein Bedauern kennt.

Dieselbe Vortrefflichkeit und Kreativität, die für das Design und die Herstellung von Bogenausrüstung verwendet wird, wird auch dazu verwendet, klangvolle Gitarren herzustellen. Als Ergebnis ihrer Innovationsfähigkeit und Qualität haben ihre Handwerksmeister einige der besten Gitarren im ganzen Land produziert. Viele der besten Studiokünstler spielen McPherson-Gitarren. Das ist lediglich ein weiteres Zeugnis für die McPherson-Geschichte von Gottes verheißenem Segen. Als Matt einmal Gott fragte, warum er für eine besondere Aufgabe ausgewählt worden sei, fand er heraus, dass, obwohl er nicht Gottes erste Wahl gewesen war, er der erste gewesen sei, der dafür bereit war. Die Aufgabe war herausfordernd, aber erfolgreich.

Heute erleben Matt und Sherry McPherson, was Gott ihnen vor vielen Jahren verheißen hatte. Sie sind frei, ihren Musikdienst für Gott auszuüben, zu reisen und das Evangelium rund um die Welt zu unterstützen. Sie haben auch die Freude daran entdeckt, göttliche Ideen in ihrem Einflussbereich einzubringen. Als Ergebnis dessen ist ihr Geschäft ein echter Dienst. Zahllose Menschen werden von ihrer Liebe und ihrem Vorbild in der Geschäftswelt berührt durch ihre Integrität, Kreativität und Vortrefflichkeit.

Antworten aus einer Obdachlosenunterkunft

Eine der eher einzigartigen Ausdrucksformen von Innovation entstammt einem höchst unangenehmen Ort – einer Obdachlosenunterkunft im südlichen Kalifornien. Man nennt sie »Heim für obdachlose Jugendliche« und sie wird von Pastor Clayton Golliher betreut, einem Mitglied des Harvest International Ministries Network. Clayton und seine Gruppe haben Gottes kreatives Wesen angezapft und sie haben dieses Vorrecht zum Bestandteil ihres Jüngerschaftstrainings gemacht. Als Resultat dessen haben sie bereits 12 Patente, welche die Aufmerksamkeit der bedeutendsten Spielzeughersteller und -handwerker des Landes erregten. Dieses Obdachlosenheim betrachtet diese offenen Türen für das Geschäft als offene Türen für den Dienst am Evangelium. Vorstandsmitglieder von bedeutenden Firmen waren erstaunt über ihre Erfindungen, die zu einer Offenheit für ihre Botschaft geführt haben. Zu sagen, sie selbst seien darüber erstaunt gewesen, wem Gott diese Ideen gibt, wäre eine große Untertreibung.

Eines der Spielzeuge, das bereits in Produktion gegangen ist, ist ihre die Schwerkraft aufhebende Luftkissen-Flugmaschine. Sie wird gerade in China hergestellt und wird höchstwahrscheinlich im ganzen Land durch ein TV-Marketing-Netzwerk verkauft werden. Dieses einzigartige Spielzeug hat Türen für einen Dienst geöffnet, der schon zu Bekehrungen zu Christus in dieser kommunistischen Nation zur Folge hatte. Das ist bemerkenswert; die Kreativität führte bei den Großen des Geschäfts zu einem immensen Aufhorchen und sogar zu Annahmen von Jesus Christus!

Ein Experte sagte ihnen, ihre Idee für ein Luftkissenfahrzeug würde »aerodynamisch betrachtet nie umsetzbar« sein. So gingen sie ins Gebet, und Gott gab ihnen eine Vision und zeigte ihnen, wie sie es anstellen konnten, welches Material sie verwenden sollten und wie es schweben würde. Innerhalb von zehn Tagen war es fertig und funktionierte.

Neben den einzigartigen Spielzeugen haben sie noch über 50 Erfindungen für den Haushalt gemacht. Sie haben erstaunliche Ideen entwickelt, von einem Heilmittel für einen durch Windeln verursachten Ausschlag bis hin zu einem Vorschlag, wie man den Wasserverbrauch im Haushalt dramatisch verringern kann.

Sie schreiben ihren Erfolg drei Dingen zu:

1. Sie glauben, dass sie unter einem »offenen Himmel« leben. Aufgrund dessen, was Jesus am Kreuz vollbracht hat, können sie eins sein mit Gott. Seine Kreativität wurde durch Christus in sie hineingewoben.

2. Sie glauben, dass sie die Herrschaft über diese Welt haben: sowohl über die Wirtschaft, als auch über die Technologien dieser Erde.

3. Sie beten bis zu drei Stunden am Tag im Geist. Sie glauben, dass, wenn sie in Zungen beten, sie die kreative Natur des Heiligen Geistes anzapfen.

Ihre erstaunliche Geschichte ist mehr als dass eine Schar von Christen lernt, wie man kreativ sein kann. Diese Geschichte wäre an sich schon erzählenswert. Doch dies ist eine Geschichte, wie der »Abfall« dieser Nation (die obdachlosen Jugendlichen) Lösungen finden für Alltagsprobleme und Herausforderungen. *Das spiegelt auf wunderbare Weise Gottes Gnade und die Vision eines Mannes wieder, die außerhalb der Norm von normalen Erwartungen an einen »Dienst« liegt.* Vielleicht ist dies Teil dessen, was der Herr im Sinn hatte, als der Prophet Micha erklärte: »Ich mache das Hinkende zu einem Rest und das Ermattete zu einer mächtigen Nation« (Micha 4,7).

Das Gebet eines Reisenden

Nicht jede kreative Ausdrucksweise hat mit Erfindungen zu tun, oder damit, wie man Probleme löst. Manchmal wird dieses Charakteristikum daran wahrgenommen, wie wir auf sorgsame Weise die Liebe Gottes anderen gegenüber zum Ausdruck bringen. Die vorausgehenden drei Begebenheiten handeln alle vom Einfluss der Königsherrschaft Gottes auf Erfindungen und Entwürfe; die nächste Begebenheit handelt von der Kommunikation.

Auf einer Reise nach Dallas, Texas, kehrte ich vor kurzem nach der Abendversammlung in mein Zimmer im Embassy Suites Hotel zurück. An mein Kissen gelehnt fand ich eine laminierte Karte, die jemand von den Hotelmitarbeitern beim Saubermachen zurückgelassen hatte. In der Meinung, es handle sich bei dem, was darauf stand, lediglich um eine weitere Bemerkung über die Eigenart des

Hotels, wollte ich sie beiseite legen. Dann aber stellte ich fest, dass es sich um ein Gebet handelte. Aus Neugierde fing ich an zu lesen. Ich habe noch nie etwas so Einfaches, und doch so Tiefgründiges, zu Gesicht bekommen, was im Grunde das Potenzial hat, eine mächtige Wirkung auf eine Person oder sogar auf eine ganze Stadt auszuüben. Es stellt die Verantwortung heraus, die Reichgottesorientierte Menschen haben, etwas zum Wohl der Gesellschaft beizutragen. Wieder einmal sehen wir, dass bei allem, was wir tun, sei es groß oder klein, ein schöpferischer Königreichseinfluss demonstriert werden kann und muss. Es wird »ein altes Gebet« genannt: »Der Fremdling in unseren Toren«.

Weil dieses Hotel eine menschliche Institution ist, um Leuten zu dienen, und nicht bloß eine Geld machende Organisation, hoffen wir, dass Gott Ihnen Frieden und Ruhe gewährt solange Sie unter unserem Dach weilen.

Möge dieser Raum und dieses Hotel zu ihrem »zweiten« Zuhause werden. Mögen diejenigen, die Sie lieben, in Gedanken und Träumen Ihnen nahe sein. Selbst wenn wir Sie nicht kennenlernen sollten, hoffen wir, Sie werden es bequem haben und glücklich sein, so, als wären Sie bei sich selbst zuhaus.

Möge das Geschäft, das Sie hierhergeführt hat, florieren. Möge jeder Anruf, den Sie betätigen, und jede Nachricht, die Sie erhalten, zu Ihrer Freude beitragen. Wenn Sie uns wieder verlassen, so möge Ihre Reise sicher vonstatten gehen.

Wir sind alle Reisende. Von der »Geburt bis zum Tod« reisen wir zwischen Ewigkeiten. Mögen diese Tage für Sie angenehm sein, nützlich für die Gesellschaft, hilfreich für diejenigen, denen Sie begegnen, und eine Freude für diejenigen, die Sie am besten kennen und lieben.

Es ist für mich erstaunlich, dass etwas auf einem solch hohen Niveau von Königreichsprinzipien auf einem Kissen in einem

Hotelzimmer zurückgelassen wird, insbesondere bei einer der wichtigsten Hotelketten. Das ist besonders bemerkenswert, wenn man daran denkt, wie peinlich genau die Geschäftsführer der meisten Unternehmen darauf bedacht sind, um sich ja gesellschaftlich hoffähig, respektabel und »politisch korrekt« zu geben. Ich ehre die Person, die sich entschlossen hat, ein Risiko auf sich zu nehmen, indem sie Leben zu beeinflussen sucht durch ein derart einfühlsames Segensgebet. Dabei ist das nicht nur ein machtvolles Gebet, sondern es gibt Leuten auch die Gelegenheit, ihr Denken auf Königreichsprinzipien hin auszurichten, wobei sie möglicherweise eine Ahnung davon bekommen, zu welchem Zweck sie auf diesem Planeten Erde sind.

Wie und was wir kommunizieren, hat das Potenzial, das Klima und die Atmosphäre zu verändern, das Umfeld für Menschen zu schaffen, um für ihre Bestimmung freigesetzt zu werden. Darum muss unsere Kommunikationsfähigkeit unbedingt unter den Einfluss des Heiligen Geistes geraten. Wenn dies auf die richtige Weise geschieht, werden unsere Worte durch den mannigfaltigen und vielgestaltigen Ausdruck von Mitgefühl und Fürsorge imstande sein, die Gegenwart Gottes in das Leben von Menschen hinein freizusetzen.

Es gibt mehr

Um diese Art von Lösungen beständig in den Vordergrund der Gesellschaft zu bringen, werden wir lernen müssen, wie wir konkret und praktisch Zugang zum Bereich des Himmels bekommen; denn unsere Antworten und Lösungen liegen im Himmel. Der Geist der Offenbarung wurde ausgeteilt, um dies möglich zu machen. Das ist der Schwerpunkt des nächsten Kapitels.

Kapitel 7

Der Geist der Offenbarung

*Wir gedeihen mit dem Geist der Offenbarung,
aber ohne ihn gehen wir zugrunde.*

Leute, die sehen, was gewöhnlich unsichtbar ist, haben denen gegenüber einen Vorteil, die sich nach einem Platz von Bedeutung sehnen.[22] Sie sind diejenigen, die imstande sind, *vom Himmel her auf die Erde ausgerichtet* zu leben. Wenn wir im Bewusstsein des Himmels und der Ewigkeit leben, dann ändert das die Art, wie wir leben und vergrößert unsere Wirksamkeit auf die Gesellschaft radikal. Es ist wirklich erstaunlich, dass diejenigen, die den Himmel sehen, wenig Verlangen nach dieser Welt haben, und doch sind sie es, die den größten Einfluss auf ihre Umwelt haben.

Das Bewusstsein von unsichtbaren Dingen ist ein entscheidender Aspekt des Christenlebens. Tatsächlich werden wird angehalten, »nach dem zu trachten, was droben ist, nicht nach dem, was auf Erden ist; denn ihr seid gestorben, und euer Leben ist verborgen mit dem Christus in Gott« (Kol. 3,2-3). Das überströmende Leben, welches Jesus Seinen Jüngern versprochen hat, finden wir in diesem unsichtbaren Bereich. Die Entfaltung Seiner Herrschaft durch Wunder und verschiedene übernatürliche Ausdrucksformen haben ihre Wurzeln alle in dieser himmlischen Welt. Wir müssen Zugang zu Seiner Welt haben, um diese Welt hier unten verändern zu können.

Der unmögliche Auftrag

Den Lauf der Weltgeschichte zu verändern ist unser Auftrag. Doch wir sind mit dem, was wir im Augenblick wissen, so weit gekom-

---

22 Bedeutung haben zu wollen ist ein von Gott gegebenes Verlangen. Berühmt werden zu wollen ist die Fälschung davon.

men, wie wir nur konnten.[23] Wir benötigen Hinweise, um dort hinzukommen, wo wir hin möchten. Zeichen sind Realitäten, die auf eine größere Realität hinweisen – ein Ausfahrt-Schild ist real, aber es weist auf etwas Größeres hin – auf die Ausfahrt.[24] Wir brauchen keine Hinweisschilder, wenn wir auf vertrauten Straßen unterwegs sind. Doch wenn wir dorthin wollen, wo wir noch nie zuvor gewesen sind, brauchen wir Hinweisschilder und Hinweiszeichen, um dorthin zu gelangen. Diese *Zeichen* werden die *Wunder* zurückbringen.

Um irgendwie weiterzukommen, müssen wir aufs Neue von Gott hören. Wir müssen die Dinge sehen, denen wir Tag für Tag gegenüberstehen, aber im Augenblick sind sie vor unseren Augen noch verborgen. Die immer vorhandene Notwendigkeit, zu sehen und zu hören, war noch nie größer. Der Schlüssel, um mit den wechselnden Jahreszeiten Gottes Schritt halten zu können, ist der Geist der Offenbarung.

Der Apostel Paulus verstand diese Notwendigkeit, als er für die Gemeinde in Ephesus betete. Er bat den Vater, ihnen den Geist der Weisheit und Offenbarung zu geben (vgl. Eph. 1,17). Viele würden die Gemeinde in Ephesus als die bedeutendste Gemeinde in der Bibel betrachten. Sie erlebten neben Ninive eine der größten Erweckungen in der Geschichte (vgl. Jona 3). Es hatte eine öffentliche Konfrontation mit dem Okkulten gegeben, was dazu führte, dass satanisches Material durch bekehrte Bürger zerstört wurde (vgl. Apg. 19,19). Einige der bemerkenswertesten Wunder des Neuen Testamentes geschahen ebenfalls dort.

Es ist auch die einzige Gemeinde, die einen Brief des Apostels Paulus erhielt, in dem kein einziges Wort der Korrektur vorkommt. In ihrem Brief wird das enthüllt, was begründeterweise die größte Offenbarung der Bibel ist bezüglich des geistlichen Kampfes, bezüglich der Beziehung zwischen Mann und Frau, zwischen der Braut Christi und Jesus, bezüglich des fünffachen Dienstes, sowie

---

23 Zitat von Martin Scott.
24 Zitat von Dick Joyce.

der Natur und Funktion der Gemeinde, um nur ein paar wenige Beispiele zu nennen.

Für diese siegreiche Gemeinschaft von Gläubigen betete er: »... dass der Gott unseres Herrn Jesus Christus, der Vater der Herrlichkeit, euch den Geist der Weisheit und Offenbarung gebe in der Erkenntnis seiner selbst« (Eph. 1,17). Was wollt ihr denen geben, die alles haben? Ein Gebet, damit ihre Augen geöffnet werden mögen, um zu sehen, was für sie noch immer unsichtbar sind (Offenbarung) und Einsicht, um zu wissen, was sie mit dem tun sollen, was sie dann sehen (Weisheit).

Eine grundlegende Lektion für uns in dieser historischen Tatsache ist, dass selbst eine Gemeinde mitten in einer Erweckung, die für ihre große Lehre und ihren stadtweiten Einfluss bekannt ist, noch mehr Offenbarung benötigt. Das geschieht nicht automatisch. Es genügt nicht zu sagen: »Der Geist Gottes ist hier willkommen und frei, zu tun, was Ihm gefällt«. Für viele Dinge, die wir benötigen und nach denen wir uns sehnen, müssen wir besonders beten und wir sollten ihnen unerbittlich nachjagen. Das ist der Fall beim Geist der Weisheit und der Offenbarung. Erst wenn leidenschaftlich nach dem Geist der Weisheit und Offenbarung getrachtet wird, nimmt beides im Leben eines Christen den Platz ein, den es verdient. Diese beiden Elemente werden zu Leitplanken, die uns vom Übel der Religion bewahren. Der führende Apostel betete dies für die führende Gemeinde.

Warum benötigen wir Offenbarung?

Was ich weiß, wird mir helfen. Was ich zu wissen glaube, wird mich verletzen. Es ist der Geist der Offenbarung, der mir hilft, den Unterschied zu erkennen.

Die Propheten warnten uns vor dem, was einem Volk widerfährt, das seine Erkenntnis nicht durch Offenbarung vermehrt. Alles Wissen ist nützlich, aber es kann allgemein bleiben. Doch wenn Gott Offenbarung freisetzt, setzt dies eine Erkenntnis frei, die uns befähigt, in entscheidenden Augenblicken spezifische Dinge anzusprechen. Oft geht es um den Unterschied zwischen Leben und Tod. Man kann sagen, dass wir mit Offenbarungserkenntnis gedeihen, aber ohne sie zugrunde gehen.

*»Mein Volk **geht zugrunde aus Mangel an Erkenntnis;** denn du hast die Erkenntnis verworfen, darum will ich auch dich verwerfen, dass du nicht mehr mein Priester seist; und weil du das Gesetz deines Gottes vergessen hast, will auch ich deine Kinder vergessen.«* (Hos. 4,6)

*»Darum **wandert mein Volk in Gefangenschaft aus Mangel an Erkenntnis:** seine Edlen leiden Hunger, und seine Volksmenge verschmachtet vor Durst.«* (Jes. 5,13)

Die alttestamentlichen Propheten Hosea und Jesaja verstanden die Herausforderung und sprachen die Angelegenheiten an, denen wir uns gegenübersehen würden. In den beiden Schriftabschnitten werden zwei notvolle Situationen erwähnt. Zugrundegehen bedeutet »aufhören; vollständig abgeschnitten sein«. Ohne Offenbarung sind wir von den Absichten Gottes auf der Erde vollständig abgeschnitten. *Es ist möglich, fleißig im Werk des Herrn beschäftigt zu sein, und doch von Seinen Absichten getrennt zu leben.* »In Gefangenschaft wandern« ist seiner Bedeutung nach sehr ähnlich, weil man es auch mit »wird beseitigt« übersetzen kann. Das Bild hier ist dies, dass »jemand offiziell als Strafe von seinem Zuhause, von seinem Ort oder seinem Gebiet ausgestoßen wird«. Hier werden wir hinsichtlich Seiner Absichten in die Gefangenschaft geschickt, weil wir unfähig sind, das Gewicht einer solchen Verantwortung losgelöst vom Geist der Offenbarung, der in unserem Leben wirkt, zu tragen. *Es ist kostspielig, Zugang zur Sicht zu haben, ohne von ihr Gebrauch zu machen* (vgl. Lk. 12,56).

Erkenntnis ist in diesem Kontext *erfahrungsmäßige Erkenntnis.* Dies ist mehr als bloßes Konzept und Theorie. Das Wort Erkenntnis, das hier vorkommt, stammt von dem Wort ab, das im 1. Buch Mose verwendet wird, um dort die Erfahrung der Intimität zu beschreiben: »Und Adam erkannte Eva; und sie empfing und gebar Kain« (Gen. 4,1).

Es ist töricht, zu glauben: »Weil wir die Bibel haben, wurde uns die volle Offenbarung Gottes bereits gegeben. Wir brauchen keine weitere mehr«. Zunächst einmal: auch wenn die Bibel vollständig ist (es müssen keine weiteren Bücher hinzugefügt werden), ist sie ohne die Hilfe des Heiligen Geistes ein verschlossenes Buch. *Wir benötigen Offenbarung für das, was bereits geschrieben steht. Zweitens wissen wir so wenig von dem, was Gott möchte, dass wir von Seinem Wort verstehen.* Jesus sagte das ebenso. Er konnte Seine Jünger nicht alles lehren, was Er auf Seinem Herzen hatte (vgl. Joh. 16,12). Das ist die Erkenntnis, die vom Geist Gottes kommt, wenn Er auf die Seiten der Schrift haucht. Dies führt zu göttlichen Begegnungen; *erlebte Wahrheit wird nie mehr vergessen.*

Ein weiterer Schriftabschnitt, der diesbezüglich zu prüfen ist, ist folgender: »Wo keine Offenbarung ist, wird das Volk zügellos« (Sprüche 29,18). Die revidierte Elberfelder Bibel drückt es so aus: »Wenn keine Offenbarung da ist, verwildert ein Volk«. Diese Klarstellung ist enorm. Viele haben gemeint, dieser Abschnitt rede von Zielen und Träumen. Das tut er nicht. Er redet vom Einfluss, den der Geist der Offenbarung auf das Leben eines Menschen ausübt, indem dieser ihn dazu befähigt, sich selbst freudig von allem zurückzuhalten, was gegen den Traum arbeitet, den Gott für uns gedacht hat. Wie jemand einmal sagte: *Vision gibt dem Schmerz einen Zweck.*

Der Auftrag

Nicht jede Wahrheit ist gleich. Wahrheit ist mehrdimensional – gewisse Dinge sind wahr, andere Dinge jedoch sind wahrer. Wenn man im Alten Testament einen Aussätzigen berührte, wurde man unrein. Eine vorrangige Offenbarung des Alten Testamentes ist die Macht der Sünde. Im Neuen Testament berühren die Jünger einen Leprakranken und dieser wird rein. Eine vorrangige Offenbarung des Neuen Testamentes ist die Kraft der Liebe Gottes. *Beide Aussagen sind wahr (Sünde ist mächtig und die Liebe ist mächtig), doch die eine Realität ist der anderen klar überlegen.*

Der Heilige Geist wurde gegeben, um uns in die ganze Wahrheit zu führen. *Doch eines der Dinge, denen Er Sich wirklich verpflichtet fühlt, ist, uns in die Wahrheiten hineinzuführen, die der Vater zu einer speziellen Zeit betont haben möchte.* Petrus verstand dies, als er schrieb:

»*Darum will ich es nicht versäumen, euch stets an diese Dinge zu erinnern, obwohl ihr sie kennt und in der bei euch vorhandenen (bzw. **gegenwärtigen**) **Wahrheit** fest gegründet seid.*« (2. Petr. 1,12)

»Gegenwärtige Wahrheit« bezieht sich auf *die Wahrheit, die im Vordergrund des Denkens Gottes steht*. Das ist ein weiser Mann, der zu erkennen lernt, wo die Winde des Himmels wehen. Unser Leben und Dienst sind so viel einfacher, wenn wir uns bei dem engagieren, was Gott bereits segnet.

Grünlichtmilieu

Viele Gläubige leben in der Vorstellung, dass Gott sie schon führen wird, wenn es für sie an der Zeit ist, etwas zu tun. So warten sie, manchmal ihr ganzes Leben lang, ohne irgendeine Wirkung auf die Welt um sie herum gehabt zu haben. Ihre Philosophie ist: Ich habe eine rotes Ampel, bis Gott mir grünes Licht gibt. Das grüne Licht aber kommt nie.

Der Apostel Paulus lebte nicht im »Rotlichtmilieu«, sondern im »Grünlichtmilieu« des Evangeliums. Er brauchte keine Zeichen vom Himmel, die ihn überzeugten, dem Wort Gottes zu gehorchen. Wenn Jesus sagte: »Geh!« dann genügte das. Aber dennoch benötigte er den Heiligen Geist, um zu erkennen, was in Bezug auf die Mission im Vordergrund des Sinnes seines Vaters war.

Er hatte eine Last für die Region Asia und versuchte, dorthin zu gehen und zu predigen. Der Heilige Geist hielt ihn zurück, was jedoch bedeutet, dass Er ihn nicht führte. Dann versuchte er, nach Bithynien zu gehen, aber wieder sagte der Heilige Geist »Nein«. Dann hatte er einen Traum von einem Mann, der ihn anflehte, doch nach Mazedonien zu kommen. Er erwachte und zog die Schlussfolgerung, dass dies die Richtung war, in die er blicken sollte, und so ging er nach Mazedonien, um das Evangelium zu predigen (vgl. Apg. 16,6-10). Doch ist es leicht, hierbei das Wichtigste zu übersehen; Paulus versuchte, dem zu gehorchen, was auf den Seiten der Schrift stand, weil er danach lebte, was das Gebot ihm aufgetragen hatte – *in alle Welt hinauszugehen* (vgl. Mt. 28,19)! Hier gilt das alte Sprichwort: »Es ist leichter, einen Wagen zu steuern, der sich bewegt, als einen, der still steht«. Paulus war dem Lebensstil des »Hinausgehens« völlig hingegeben und das machte ihn bereit, die spezifische Weisung hören zu können, die Gott für ihn zu diesem Zeitpunkt hatte. Es war der Heilige Geist, der versuchte, ihn davon abzuhalten, zum falschen Zeitpunkt an bestimmte Orte zu gehen.

Der Zweck der Offenbarung

Offenbarung wird nicht dazu ausgegossen, um uns schlauer zu machen. Einsicht ist ein wunderbarer Nutzen von dieser Begegnung, doch ist unsere Intelligenz nicht Gottes erstes Anliegen. *Sein Schwerpunkt bei der Offenbarung ist unsere persönliche Umwandlung.* Offenbarung führt zu einer Gottesbegegnung und diese Begegnung verändert uns für immer. Diese Begegnungen können umwerfende Erfahrungen sein oder auch schlichte Augenblicke, in denen wir in Seinen Frieden eingetaucht werden; aber in jedem Fall sind sie Wegmarken auf unserer Reise »Dein Reich komme…«. Ohne Gottesbegegnung macht uns eine Offenbarung nur stolz. Das war der Grund für die Warnung des Apostels Paulus an die Gemeinde in Korinth: »Erkenntnis bläht auf…« (1. Kor. 8,1). Die eigentliche Wirkung auf unsere Intelligenz geschieht gemäß dem Maß von Umwandlung, die wir erfahren haben. *Offenbarung kommt, um das Spielfeld unseres Glaubens zu erweitern.* Einsicht, ohne dass Glaube freigesetzt wird, um die Wahrheit durch Erfahrung zu realisieren, lässt die Wahrheit unbewiesen bleiben – sie ist dann bloße Theorie. Das ist die Geburtsstätte der Religion. *Wenn Gott uns zeigt, dass Er möchte, dass es den Menschen gut geht und sie gesund sind, dann nicht, um uns eine Theologie der Heilung zu geben. Es geschieht, um auf genau dem Gebiet, in das Er uns Einblick gewährt hat, unseren Glauben freizusetzen, damit wir die Frucht der Offenbarung erfahren können – in diesem Falle, um Menschen zu heilen!* Offenbarung bedeutet, »den Vorhang zu lüften« bzw. »die Decke wegzunehmen«. Offenbarung gibt uns Zugang zu den Bereichen, wo noch größere Salbung verfügbar ist, um diese Wahrheit zu einer persönlichen Erfahrung und zu einem Lebensstil zu machen. *Je größer die Wahrheit, umso größer die benötigte Salbung, um diese Wahrheit der Welt gegenüber zu beweisen.* Salbung muss angestrebt, nicht bloß angenommen werden (vgl. 1. Kor. 14,1). Das Maß von Salbung, welches wir an uns tragen, ist das Maß von Offenbarung, in dem wir tatsächlich leben.

Das Herz, das empfängt

Eine der größeren Zumutungen, die Jesus lehrte und glaubte, ist, dass Kinder eher bereit sind, in das Königreich einzugehen als Erwachsene. Viele von uns haben sich dieser Wahrheit zum größten Teil angepasst, aber wir kämpfen noch immer mit bestimmten Anwendungen. Das Folgende zeigt, worum es geht:

> *»Zu jener Zeit begann Jesus und sprach: Ich preise dich, Vater, Herr des Himmels und der Erde, dass du dies vor Weisen und Verständigen verborgen und es Unmündigen offenbart hast.«*
> (Mt. 11,25)

Kann es sein, dass Kinder für Offenbarung offener sind als Erwachsene? Wir neigen dazu, zu glauben, dass die gewichtigeren Lehrinhalte für die Reifen reserviert sind. Zum Teil stimmt das auch. Doch die wirklich Reifen, von Gottes Standpunkt aus betrachtet, sind diejenigen, die das Herz eines Kindes haben.

Viele Leute bitten mich, mit ihnen zu beten, damit sie größere Offenbarung aus der Schrift empfangen. Auch wenn es stets eine Ehre ist, jemanden mit Gebet zu segnen, wird doch selten begriffen, wie Offenbarung eintrifft oder zu wem sie kommt. Es ist wohl eine der größten Freuden im Leben, wenn man von Gott hört. Es gibt dabei keine Kehrseite. Aber es ist ein Preis mit dieser Erteilung verbunden.

Das Folgende ist eine Liste von praktischen Vorschlägen für diejenigen, die in der Offenbarung von Gott wachsen möchten:

Werde wie die Kinder. Einfachheit und von Herzen kommende Demut hilft einer Person, sich dafür zu qualifizieren, von Gott zu hören, während das Verlangen, tiefgründig zu sein, ein verschwendetes Verlangen ist. Vielen geht nach vielen Jahren des Sitzens unter geistlicher Lehre auf, dass das schlichte Wort oft das tiefgründigste ist. »*Zu jener Zeit begann Jesus und sprach: Ich preise dich, Vater, Herr des Himmels und der Erde, dass du dies vor Weisen und Verständigen verborgen und es unmündigen offenbart hast*« (Mt. 11, 25).

Gehorche dem, was du bereits weißt. Jesus lehrte Seine Nachfolger: »Wer sich entschließt, Dessen Willen zu tun, wird, was Meine Lehre betrifft, persönlich herausfinden, ob sie wirklich von Gott stammt, oder ob Ich das, was Ich sage, Selber erfunden habe« (Joh. 7,17; *Haller*). »Wer sich entschließt,... wird... herausfinden« – Klarheit kommt zu dem, der willens ist, den Willen Gottes zu tun. Die Bereitschaft zu gehorchen zieht die Offenbarung an, weil Gott der höchste Verwalter ist, der Seine Schätze nur fruchtbarem Boden anvertraut – einem hingegebenen Herzen.

Erlerne die biblische Kunst der »Meditation«. »Ich gedenke an mein Saitenspiel in der Nacht, ich sinne in meinem Herzen nach und es forscht mein Geist« (Ps. 77,7). Biblische Meditation ist ein fleißiges Forschen. Während gewisse Sekten die Leute lehren, als Mittel zur Meditation ihre Gedanken völlig zu entleeren, lehrt uns die Bibel, unseren Sinn mit dem Wort Gottes zu füllen. Die Meditation hat ein ruhiges Herz und einen »ausgerichteten« Verstand. Ein Wort in unserem Herzen hin und her bewegen, mit einem Bestreben, das dem wissbegierigen Herzen eines Kindes entspringt, das ist Meditation.

Lebe im Glauben. Wenn ich in meiner gegenwärtigen Aufgabe im Glauben lebe, macht mich das bereit für mehr. »Der Gott dieser Weltzeit hat sie (dermaßen) verblendet, dass sie nur wie Ungläubige denken können. So sind sie außerstande, das helle Licht, welches das Evangelium verbreitet und die Herrlichkeit Christi, (die es verkündet), wahrzunehmen (und zu erkennen, dass) er das Erscheinungsbild Gottes ist« (2. Kor. 4,4; *Haller*). Beachte, dass das Licht des Evangeliums zu dem kommt, der glaubt. Offenbarung kommt zu dem, der Glauben zum Ausdruck bringt! Lebe mit dem Verständnis, dass Gott bereits willens war, dir Seine Geheimnisse anzuvertrauen (vgl. Mt. 13,11), und bitte dementsprechend. Dann danke Ihm im Voraus.

Gewinne ein verständiges Herz. Diese Art von Herz hat die Fundamente am richtigen Ort, damit etwas darauf aufgebaut werden kann. Das sind die grundlegenden Konzepte vom König und Seinem Königreich. Angemessene Fundamente ziehen den Baumeister (Offenbarer) an, so dass Er kommt und zu diesen Fundamenten hinzufügt. »Für den Verständigen ist Erkenntnis leicht« (Spr. 14,6). Gott vermittelt denen auf kluge Weise frische Einsichten, die grundlegende Prinzipien in sich festgemacht haben. Wenn frische Einsichten kommen, hat das verständige Herz »einen freien Platz, um sie dort einzufügen«. Sie sind nicht verloren, wie etwa ein Same, der auf dem Boden verschüttet wird.

Gib Gott deine Nächte. Ich versuche jeden Tag abzuschließen, indem ich die Zuneigung meines Herzens in mir erwecke und auf den Heiligen Geist richte. Was für eine erstaunliche Art, schlafen zu gehen! Das Hohelied Salomos offenbart dies auf poetische Weise: »Ich schlafe, aber mein Herz wacht« (Hld. 5,2). Gott liebt es, uns in der Nacht zu besuchen und uns Anweisungen zu geben, welche wir während des Tages nur schwer empfangen könnten (vgl. Hiob 33,15-16). Der Wunsch, unsere Nachtzeit Gott zu geben, fließt ganz natürlich vom Herzen eines Kindes, das weiß, dass man Offenbarung nicht verdienen kann. Bitte ihn insbesondere, dir während der Nacht durch Visionen und Träume zu dienen. Und wenn du einmal einen Traum oder eine Vision hast, dann schreib sie auf und bitte Ihn um das richtige Verständnis.

Gib weg, was du bereits empfangen hast. Unterschätze niemals, was hungrige Menschen aus dir »herausziehen« können, während du gerade am Wort dienst. *Sich in einer Haltung des ständigen Gebens zu befinden, ist ein sicherer Weg, um mehr zu bekommen.* Wenn wir uns Hals über Kopf in einer Dienstsituation befinden, stellen wir fest, was Gott während der Nacht in uns hineingelegt hat. Er zieht aus den tiefen Örtern des Herzens Dinge hervor, die noch nicht in den bewussten Denkprozess übergegangen sind (vgl. Spr. 20,5).

Werde ein Freund Gottes. Gott teilt Seine Geheimnisse mit Seinen Freunden. »Ich nenne euch nicht mehr Sklaven, denn der Sklave weiß nicht, was sein Herr (alles) treibt. Ich habe euch vielmehr Freunde genannt, weil ich euch alles, was ich bei Meinem Vater gehört habe, mitgeteilt habe« (Joh. 15,15; *Haller*). Er teilt alles Seinen Freunden mit. Er möchte nicht nur alles mit uns teilen, Er hat uns sogar aufgefordert, von Ihm zu erbitten, was auch immer wir möchten. Doch gewöhne dich daran, dass du mehr von Ihm hören wirst, als das, was du anderen weitergeben kannst. *Höre, wenn Er spricht, aber rede nur von dem, wofür Er dir die Freiheit gibt, darüber zu sprechen. Einige Dinge werden uns nur geoffenbart, weil wir Seine Freunde sind und sollten anderen nicht mitgeteilt werden.*

Die Familiengeschichten erben

Eines der spaßigen Seiten am Erwachsenwerden war für mich, Geschichten aus meiner Familie zu hören. Es spielte keine Rolle, ob der Opa über den Northern Pike sprach, den er in Minnesota bestiegen hatte, oder ob mein Vater darüber sprach, wie er zu seiner Zeit in der High School Fußball gespielt hatte, es waren einfach die Geschichten, die ich gerne hörte. Es spielte auch keine Rolle, ob ich sie erst letzte Woche gehört hatte. Ich wollte sie wieder und wieder hören, in der Hoffnung, diesmal noch mehr Details zu erfahren. Sie waren es wert, wiederholt zu werden, und sie sind ein Teil meines Erbes.

In diesem Licht betrachtet, machte Jesus einige beunruhigende Aussagen. Er sagte: »Amen, Amen, Ich sage dir (eines): Wir reden von dem, was wir wissen und (aus Erfahrung) kennen, und wir bezeugen Dinge, die wir (persönlich) gesehen haben; aber ihr nehmt (ja) unser Zeugnis nicht an. Wenn ihr nicht einmal das glaubt, (was) Ich euch über die irdischen Dinge gesagt habe, wie wollt ihr dann erst das glauben, (was) Ich euch über die himmlischen Dingen zu sagen habe?« (Joh. 3,11-12; *Haller*). »Wir« bezieht sich auf den Vater, den Sohn und den Heiligen Geist. Es ist keine Bezugnahme auf Jesus und die Jünger oder gar auf Jesus und die Engel. Jesus sagte, was Er Seinen Vater sagen hörte. Der Geist Gottes war auf Ihm und machte es Ihm möglich, klar Seinen Vater sehen und hören zu können. Gott hat ein Zeugnis und Er versucht, Seine Geschichte an jeden weiterzugeben, der zuhören will. Er wiederholt Seinen Ruf später in diesem Kapitel: »Von dem, was Er (dort) gesehen und gehört hat, legt Er (nämlich) Zeugnis ab, aber (leider) nimmt niemand Sein Zeugnis an« (Joh. 3,32; *Haller*). Weil es in unserer Verantwortung liegt, »hier zu lösen, was im Himmel gelöst ist« (Mt. 16,19), benötigen wir eine Offenbarung des Himmels zusammen mit einem Herzen, das dazu bereit ist, Sein Zeugnis zu hören. Das ist der Nutzen vom »Mitsitzen in himmlischen Örtern in Christus«. Er möchte uns Sein Zeugnis geben, aber Er findet keinen, der bereit ist, es zu hören. Er hat von irdischen Dingen gesprochen (die natürliche Geburt und das Wesen des Windes; vgl. Joh. 3,1-8) und die Leute hatten schon damit zu kämpfen – es ist jedoch Sein Wunsch, zu ihnen von den himmlischen Dingen zu sprechen, die keine irdische Parallele oder analoge Entsprechung haben.

Gewichtige Worte

Jesus konnte Seine Jünger nicht alles lehren, was Er in Seinem Herzen hatte. Er brannte darauf, ihnen mehr zu geben, aber Er tat es nicht, weil das Gewicht Seiner Worte sie erdrückt hätte.

DER GEIST DER OFFENBARUNG

»Es gibt noch vieles, das Ich euch zu sagen hätte, doch seid ihr jetzt nicht in der Verfassung, es ertragen zu können.«
(Joh. 16,12; Haller)

Ihre »Belastungskapazität« war noch zu gering für das, was Er ihnen zu sagen hatte. *Wenn Gott spricht, dann erschafft Er.* Die Realitäten, die durch das erschaffen worden wären, was Jesus ihnen gerne erklärt hätte, waren für sie viel zu bedeutsam. Und die Bereiche von Herrlichkeit, die über ihrem Leben freigesetzt worden wären, hätten eine Stärke und Stabilität erfordert, die sie noch nicht besaßen.

Auch wenn es zutrifft, dass Gott Seine Ehre keinem anderen gibt, so sind wir doch »keine anderen« – wir sind Glieder Seines Leibes. Die Fähigkeit, mehr zu ertragen, hat sowohl mit Charakter als auch mit Glauben zu tun. Der Charakter befähigt uns, herrliche Verheißungen einer Bestimmung zu empfangen, ohne dass wir die Ehre für uns selbst nehmen. Und größerer Glaube reagiert auf die göttlichen Dekrete mit dem großen Mut, der für deren Verwirklichung notwendig ist.

Der Heilige Geist wurde gegeben, um die Jünger für Offenbarungen auf einer völlig neuen Ebene vorzubereiten. Er würde sie dahin bringen, wohin Jesus sie noch nicht bringen konnte. Vielleicht ist dies ein Grund, weshalb Jesus sagte: »Es ist zu eurem Vorteil, dass ich hingehe...«. Der innewohnende Heilige Geist befähigt uns, mehr von der Offenbarung Jesu zu ertragen, als es für die ursprünglichen zwölf Jünger möglich war.

»Doch wenn der kommt, (von dem Ich zu euch gesprochen habe, nämlich) der Geist der Wahrheit, wird Er euch mit der vollständigen Wahrheit vertraut machen. Er wird nämlich nicht von Sich Selber reden. Im Gegenteil: Er wird all das sagen, was Er (von Mir und vom Vater) zu hören bekommen wird, und Er wird euch die Dinge mitteilen, die kommen werden. (Mit anderen Worten:) Er wird Mich verherrlichen, denn was Er euch mitteilt, wird Er von Mir empfangen (und es einfach an euch weitergeben). Alles, was der Vater besitzt, gehört

Mir. Aus diesem Grunde habe Ich gesagt, was Er euch mitteile, werde Er von Mir empfangen.« (Joh. 16,13-15; Haller)

Der Heilige Geist hat die Aufgabe, uns in *die ganze Wahrheit* zu leiten. Das Wort »ganze« hier ist atemberaubend, und sollte es auch sein. *Was dies noch viel erstaunlicher macht, ist die Erkenntnis, dass Wahrheit erlebt werden muss; der Heilige Geist leitet uns deshalb dahin, dass wir »die ganze Wahrheit« erleben.* Er empfängt alle Seine Anweisungen vom Vater. Es war der Heilige Geist in Jesus, der Ihn dazu befähigte, zu wissen, was der Vater gerade tat und sagte. *Dieselbe Gabe* des Geistes wurde uns *zu demselben Zweck* gegeben.

Eine der Aufgaben des Heiligen Geistes besteht darin, uns wissen zu lassen, *was kommen wird.* Wenn du Kommentare und verschiedene biblische Nachschlagewerke liest, wirst du feststellen, dass die meisten glauben, die Verheißung, zu wissen, was kommen wird, beziehe sich ausschließlich auf das, was wir an kommenden Unglücken zu erwarten haben. Viele Theologen tendieren dazu, sich auf die Probleme zu konzentrieren, weil wenige an die herrliche Gemeinde glauben. Alle, von den führenden Politikern der Welt bis zu den Musikern, von den Schauspielern bis zu den Führungspersönlichkeiten in der Wirtschaft, reden zu uns über die kommenden Unglücke. Wir benötigen dazu nicht den Heiligen Geist, wenn Leute ohne Gott das genauso tun können. Vielmehr brauchen wir Ihn, *um die kommende Herrlichkeit zu sehen!* Die Warnungen vor Schwierigkeiten sind nötig, da sie uns helfen, die Prioritäten richtig zu setzen. Aber es ist das Wohlgefallen des Vaters, uns die Geheimnisse des Königreiches zu geben. Und es gibt kein Wohlgefallen, wenn man vom Tod und der Vernichtung der Ungerechten spricht (vgl. Hes. 33,11). Es hat einen Grund, warum Sein Wort immer noch die »Gute Nachricht« genannt wird.

Er fährt fort zu sagen: »Er wird Mich verherrlichen, denn was Er euch mitteilt, wird Er von Mir empfangen (und es einfach an euch weitergeben)«. Etwas höchst Bewegendes findet in diesem Vers statt – Jesus erbt das, was Er zuvor aufgegeben hatte, als Er Mensch geworden war und an unserer Stelle starb. Es trifft auch zu, dass dem Heiligen Geist die Aufgabe zugewiesen wurde, nicht nur all das zu offenbaren, was Jesus besitzt, sondern es uns wirklich zu »enthüllen«. *Enthüllen bedeutet zu dekretieren!* In dieser Aussage steckt eine erstaunliche Übertragung von Ressourcen. Folge dem; alles gehört dem Vater – der Vater übergibt alles dem Sohn – der Sohn gibt alles an uns weiter durch den Heiligen Geist, der die Ressourcen des Himmels vermittels des Dekretierens auf unser Konto bucht. Das ist erstaunlich! *Das ist der Grund, weshalb es so entscheidend ist, von Gott zu hören. Jedes Mal, wenn Er spricht, bucht Er das Erbe Jesu auf unser Konto.* Jede dekretierte Verheißung ist ein Transfer von himmlischen Ressourcen, die uns befähigen, den Zweck unseres Auftrages zu erfüllen.

Unser Erbe entdecken

Eine der primären Funktionen des Heiligen Geistes ist die, zu entdecken, was in den Tiefen des Herzens Gottes für uns liegt. Er führt uns durch Erfahrung zu einem Verständnis, um uns dabei zu helfen, unser Erbe zu erkennen.

> *»Uns hingegen hat Gott (es) durch den Geist enthüllt. Der Geist spürt nämlich alles auf (und bringt es ins Bewusstsein), auch die Tiefen Gottes. ... Wir nun haben nicht den Geist des (gefallenen) Kosmos empfangen, sondern den Geist, der aus Gott (hervorgeht), so dass wir herausfinden können, was für ein Geschenk Gott uns gemacht hat. (Gerade) davon reden wir (ja); allerdings (benutzen wir dazu) keine angelernten Begriffe (aus der Fülle) menschlichen Wissens, sondern (solche), die uns der Geist beigebracht hat, so dass wir die (Wirkungen) des Geistes mit (Begriffen) des Geistes ausdrücken können.«* (1. Kor. 2,10.12-13; Haller)

Dieses Erbe ist uns aus freien Stücken geschenkt worden; es ist der Heilige Geist, der uns in dieses *Land der Verheißung* hineinbringt, damit wir unseren Weg durch das Leben korrekt navigieren können, indem wir die Höhe, Tiefe, Länge und Breite der überschwänglichen Liebe erkennen können, die Gott zu uns hat. Der Heilige Geist enthüllt, was uns gehört.

Er ist auch Derjenige, der die Schriftstellen lebendig werden lässt; es ist das *lebendige* Wort. Wenn wir lernen, Seine Gegenwart, Seine Wege und Seine Sprache zu erkennen, wird uns das dabei helfen, in unserer unmöglichen Aufgabe erfolgreich zu sein. Das ist das Thema des nächsten Kapitels.

Kapitel 8

Das lebendige Wort feiern

Es ist schwierig, dieselbe Frucht zu bekommen wie die Urgemeinde, wenn wir ein Buch, das sie nicht hatten, höher einschätzen als den Heiligen Geist, den sie hatten.

Gott sprach und die Welten wurden gemacht. Sein Wort erschafft. Die Fähigkeit, Gott zu hören, besonders aus Seinem Wort, ist eine zwingend erforderliche Fähigkeit, wenn wir in den göttlichen Plan eintreten und einen echten, schöpferischen Ausdruck erreichen wollen. Sie ist so notwendig wie das Atmen. Ein hingegebenes Herz ist in der Lage, einen Eindruck zu empfangen, wenn es die Schrift studiert und Gottes Spuren (Fingerabdrücke) leicht findet. In diese Art von zarter Erde pflanzt der Herr die Samen der Königreichs-Perspektive, die zu einer globalen Umwandlung heranwachsen.

Die Einsichten und die bestärkende Natur der Heiligen Schrift führen zu Lösungen, die auf jede Gesellschaft und Kultur anwendbar sind. Die Bibel ist im Hinblick auf ihren Geltungsbereich zeitlos und vollständig, und sie enthält Antworten auf jedes Dilemma der Menschheit. Das Studium der Schrift muss uns über die historischen Umstände hinausführen, über die Sprachstudien des Hebräischen und Griechischen hinaus und zuweilen auch über den Kontext und die Absicht der menschlichen Autoren der Schrift hinaus. Es ist Zeit, frisch von Gott zu hören – so dass Sein Wort aufs Neue zum lebendigen Wort in unserer Erfahrung wird.

Ich glaube, dass die Bibel Gottes Wort ist, unfehlbar, voll inspiriert durch den Heiligen Geist. Es gibt nicht ihresgleichen, es kann ihr nichts hinzugefügt und nichts von ihr weggenommen werden. Nicht nur inspirierte Gott ihre Verfasser, Er inspirierte auch diejenigen, die darüber entschieden, welche entsprechenden Schriften aufgenommen werden sollten, um die Vollzahl der Bücher der Bibel zu erreichen. Ich glaube nicht, dass es irgendwelche neue Offenbarung geben wird, die dasselbe autoritative Gewicht hat wie die Schrift. Sie steht allein als Richter über alle andere Weisheit, sei es die Weisheit eines Menschen oder eine Einsicht oder ein Buch, von dem behauptet wird, es sei direkt von Gott geoffenbart oder von einem Engel gegeben worden. Gott spricht noch immer, aber alles, was wir hören, muss mit dem übereinstimmen, was Er zu uns in Seinem Wort gesprochen hat. Im Licht dieser brennenden Überzeugungen gibt es Standards und Traditionen, die von der Kirche zu unserem Schutz eingerichtet wurden, die praktisch das Leben und die Wirksamkeit aus dem lebendigen Wort heraussaugen. Obwohl dies ursprünglich niemand beabsichtigte, kam es zu diesem unbeabsichtigten Ergebnis.

Dass wir uns Seiner Gegenwart nicht bewusst waren, ist uns teuer zu stehen gekommen, besonders in dem, wie wir uns der Schrift genähert haben. König David, der Lieder für seine Liebe zu Gottes Wort dichtete und sang, hatte den Herrn täglich vor Augen. Er nahm sich vor, sich regelmäßig der Nähe Gottes bewusst zu sein, und lebte mit dieser Gesinnung. Die geheiligte Vorstellungskraft ist ein Werkzeug in der Hand Gottes, das uns dazu befähigt, echte Realität anzuzapfen. Meine Herangehensweise ist die: Da ich mir keinen Ort vorstellen kann, wo Er nicht ist, kann ich Ihn mir ebenso gut bei mir vorstellen. Das ist keine leere Einbildung. Vielmehr wäre es Leerlauf, sich etwas anderes vorzustellen.

Leben durch Prinzip oder durch Gegenwart

Es gibt eine Art von Schriftlesung, die sich hauptsächlich damit beschäftigt, Prinzipien zu finden und anzuwenden, statt Seine Gegenwart zu genießen. Das ist gut, aber begrenzt. Königreichsprinzipien sind real und machtvoll. Sie können jedermann beigebracht werden. Wenn sie auf das Leben angewandt werden, bringen sie Frucht für den König hervor. Selbst Ungläubige werden Segen erfahren, wenn sie durch Seine Prinzipien leben. Mein Freund hatte finanzielle Probleme. Er vertraute sich einem Nachbarn an, der zufällig auch ein Pastor war, und der Diener Gottes sagte ihm, dieses Problem könne möglicherweise der Tatsache zuzuschreiben sein, dass Er Gott nicht mit dem Zehnten ehre – mit zehn Prozent seines Einkommens. Dann forderte er meinen Freund auf, Gott durch das Zehntengeben auf die Probe zu stellen, um zu sehen, ob sein Rat richtig sei. Sobald mein Freund als Reaktion auf diese Herausforderung den Zehnten gab, fing der Segen an, in sein Leben hereinzuströmen. Schließlich übergab er sein Leben Christus, weil er die Liebe Gottes gesehen und geschmeckt hatte. Aber beachte: das Königreichsprinzip funktionierte schon vor seiner Bekehrung. Diese Prinzipien zu suchen und anzuwenden ist etwas, was selbst ein Ungläubiger tun kann.

Ich rede die Prinzipien hier nicht klein. Die Umwandlung von Städten und Nationen hängt von der Empfänglichkeit von Königreichsprinzipien ab. Doch das ist nicht das Herzstück der christlichen Erfahrung mit der Bibel. So oft es geht sollten wir sie lesen, um eine Begegnung mit Gott zu haben.

Lernen, Gott zu hören

Durch das Studium der Schrift lernte ich, Gottes Stimme zu hören. Während einer bestimmten Zeit meines Lebens verbrachte ich beträchtliche Zeit mit dem Epheserbrief. Als ich las: »Und auch zu erkennen, wie die Liebe Christi jedes normale Maß von Erkenntnis bei weitem übersteigt. Das Ziel (aller meiner Gebete) ist, dass ihr immer mehr gefüllt werdet, bis ihr (sowohl inhaltlich wie ausdrucksmäßig) die Vollgestalt Gottes erreicht habt« (Eph. 3,19; *Haller*), sprach der Heilige Geist zu mir. Er sagte mir, dies bedeute, dass ich durch Erfahrung wissen könne, was sonst jenseits von jedem Verständnis liege. Später war ich imstande, ein Wortstudium zu betreiben, und ich stellte fest, dass dies exakt die Bedeutung dieses Verses in der Ursprache war.

Oft trat ich mit einem bestimmten Bedürfnis an die Bibel heran und immer wieder sprach Gott klar aus Seinem Wort darüber. Es gab Zeiten, in denen Er sehr deutlich aus einem Vers sprach, doch wusste ich, dass das, was mir hier diente, nicht das war, was der Verfasser ursprünglich beabsichtigt hatte. Aber es war *ein lebendiges Wort*, ein Schwert, das genau der Not meines Herzens diente.

Erst Jahre später lernte ich, dass Gott angeblich nicht mehr auf diese Weise sprach.

Ich bin dankbar, dass ich Gott durch die Schrift hören lernte, bevor ich herausfand, was die Regeln waren. Es ist wie wenn man dir sagt, es gäbe heute keine Wunder mehr. Dieses lächerliche Argument hätte Jahre zuvor vielleicht meine Aufmerksamkeit gewonnen, doch jetzt ist es viel zu spät. Denn ich habe mittlerweile tausende von Wundern gesehen.

Der Irrtum, der weitere Irrtümer hervorruft

Die Schrift über den Heiligen Geist zu stellen, ist Götzendienst. Es heißt nicht Vater, Sohn und Heilige Bibel; es heißt Heiliger Geist. Die Bibel offenbart Gott, ist aber selbst nicht Gott. Sie enthält Ihn auch nicht. Gott ist größer als Sein Buch. Wir sind auf den Heiligen Geist angewiesen, damit Er uns offenbart, was in den Seiten der Schrift steht, denn ohne Ihn ist sie ein verschlossenes Buch. Eine solche Abhängigkeit vom Heiligen Geist muss mehr sein, als bloß ein pflichtbewusstes Gebet um Leitung vor einem Bibelstudium. Sie ist eine Beziehung zur dritten Person der Dreieinigkeit, die ständig besteht, die fortdauert, und die jeden Aspekt des Lebens betrifft. Das ist der Wind, der in ungewissen Richtungen und von unbekannten Orten her weht (vgl. Joh. 3,8) und den man nicht kontrollieren kann, sondern dem man nachgeben muss. Er offenbart Seine Geheimnisse eifrig solchen, die hungrig sind – wirklich hungrig. Er wird im Himmel so sehr geschätzt, dass Er mit einer Warnung daherkommt; gegen den Vater und den Sohn kann man sündigen, doch gegen den Heiligen Geist zu sündigen hat unvergebbare, ewige Konsequenzen.

Der Heilige Geist wurde unterbetont und vom täglichen Umgang mit dem Leben und dem Wort bei vielen Christen fast entfernt. Die Furcht, irgendein gedankenloser Fanatiker oder Schwärmer zu werden, hat viele Christen davon abgehalten, mit ihrem größten Schatz in diesem Leben umzugehen – dem Heiligen Geist. Wir sind Erben Gottes und der Heilige Geist ist die Anzahlung auf unser Erbe (vgl. Eph. 1,13-14). Einige lehren, wir sollten nicht viel vom

Heiligen Geist reden, da Er nicht von Sich Selbst spreche. Doch haben der Vater und der Sohn eine Menge über Ihn zu sagen. Es ist klug, auf Sie zu hören. Gott soll gepriesen, angebetet und gerühmt werden, und man sollte mit Ihm Austausch pflegen – und der Heilige Geist ist Gott.

Der Umgang vieler Gläubiger mit der Schrift steht im Widerspruch zum Heiligen Geist, der diese heiligen Schriften inspiriert hat. Vieles von dem, was wir von Herzen gern vollbringen würden, kann nicht getan werden ohne dass wir unsere Beziehung zu Gott durch Sein Wort überprüfen. Wir sind so weit gegangen, wie wir nur gehen konnten, mit dem, was wir im Augenblick wissen. Wir haben nicht nur den Heiligen Geist nötig, damit Er uns lehrt, sondern wir benötigen eine andere Sicht von der Bibel.

Der Gott, der durch Umstände und ungewöhnliche Zufälle spricht, möchte wieder durch die Seiten der Schrift mit uns sprechen, selbst wenn es aussieht, als ob dies aus dem Zusammenhang gerissen worden sei oder als ob dies nicht ganz im Einklang mit dem sei, was die ursprüngliche Absicht des Autors gewesen war.

Das lebendige Wort

Das Wort Gottes ist lebendig und aktiv. Es enthält göttliche Energie, ist stets in Bewegung und erfüllt Seine Absichten. Es ist das Messer des Chirurgen, das schneidet, um zu heilen. Es ist Balsam, der Trost und Heilung bringt. Der Punkt jedoch, den ich herausstellen möchte, ist der, dass es seinem Wesen nach mehrdimensional ist und sich immer weiter entfaltet. Wenn Jesaja zum Beispiel ein Wort sprach, galt es dem Volk, zu dem er sprach – seinen Zeitgenossen. Doch weil es lebendig ist, hat vieles von dem, was er damals sagte, seine endgültige Erfüllung an einem anderen Tag und zu einer anderen Zeit. Lebendige Worte haben das so an sich.

Gott sagte, wir sollten wählen, wem wir dienen wollen, doch Jesus sagte, Er habe uns erwählt; wir haben nicht Ihn gewählt. Wir sind vor Grundlegung der Welt ausgewählt worden und doch wird uns gesagt, *wer immer wolle*, der soll kommen. Jesus sagte, wir sollten alles verkaufen, um Ihm nachzufolgen und doch unterweist

Er die Wohlhabenden, reich an guten Werken zu sein.[25] Der Heilige Geist weiß, welche Wahrheit Er anhauchen muss, gemäß dem speziellen Zeitpunkt in unserem Leben.

Ein klassischer Konflikt findet sich für den westlichen rationalen Verstand in den Anweisungen der Sprüche, wie man mit einem Toren umgehen soll. »Antworte dem Narren nicht nach seiner Narrheit, damit nicht auch du ihm gleich wirst«. Und schon der nächste Vers sagt: »Antworte aber dem Narren nach seiner Narrheit, damit er sich nicht für weise hält« (Spr. 26,4-5). Der eine Vers sagt, *man soll dem Narren nicht antworten*, und er sagt auch, weshalb. Dann aber wird gesagt, *man soll dem Narren antworten*, und man soll auch ihm sagen, warum. *Dies ist kein Widerspruch für die hebräische Denkweise, welche begreift, dass sich die Wahrheit oft in der Spannung zwischen zwei zueinander in Konflikt stehender Ideen bewegt.*

Die Denkweise, die statische, unbewegliche, sauber geordnete Grenzen und Interpretationen benötigt, nimmt Anstoß an Vernunftgründen und Erwartungen, die sich scheinbar im Fluss befinden. Hierin liegt unsere große Herausforderung – können wir hören, was Er jetzt sagt, und zwar für jetzt? Und können wir akzeptieren, dass Er zu jedem von uns verschieden sprechen kann?

Nicht alle Wahrheit ist gleich geschaffen

Wahrheit ist mehrdimensional. Einige Wahrheiten stehen über den andern. Geringere Wahrheiten sind oft das Fundament für größere Wahrheiten. »Ich nenne euch *nicht mehr* Sklaven, sondern Freunde«. Die Freundschaft mit Gott baut sich auf dem Fundament auf, dass wir zuerst Sklaven bzw. Knechte sind. Wahrheit ist

---

25 So handelte Jesus an Seinen Jüngern. Zunächst ließen sie alles hinter sich, um Ihm nachzufolgen: Mt. 19,29. Dann instruierte Er sie, was sie mit ihrem Geld tun sollten und dass sie unbedingt ein Schwert kaufen sollten: Lk 22,36. Gott handelte ebenso an Israel; während ihrer Wüstenwanderung mussten sie lernen, Ihm für alles zu vertrauen. *Die Tatsache, kein eigenes Land zu haben, wurde zu ihrem Trainingsfeld, um zu lernen, wie sie das Verheißene Land besitzen sollten, nachdem sie dort hineingekommen sein würden.*

ihrem Wesen nach progressiv – Zeile um Zeile, Vorschrift auf Vorschrift (vgl Jes 28,13a).

Die hauptsächliche Botschaft des Alten Testamentes zum Beispiel ist es, die Macht der Sünde zu offenbaren. Aus diesem Grunde wurde ein Mensch, wenn er einen Leprakranken anrührte, unrein. Sünde überwältigt. Fliehe davor! Die hauptsächliche Botschaft des Neuen Testamentes ist die Macht der Liebe Gottes. Wenn also Jesus einen Leprakranken berührte, wurde dieser rein. »Die Liebe deckt eine Menge von Sünden zu«. *Beide Botschaften sind wahr. Jedoch eine davon ist »wahrer« und größer. Die Liebe ist überwältigend!*

Viele Spaltungen ereignen sich in der Gemeinde, wenn Leute verschiedenen Ebenen der Wahrheit verpflichtet sind. Wir neigen dazu, statische Regeln und Grenzen vorzuziehen, nicht Dinge, die flexibel sind und sich ändern. *Dieses Verlangen nach statischen Regeln erklärt unsere grundlegende Bevorzugung des Gesetzes. Festgelegte Grenzen sind das, was uns gehorsamorientiert statt beziehungsorientiert sein lässt.* Das eine orientiert sich an auswendig gelernten Regeln und Anordnungen. Das andere orientiert sich vollständig an Seiner Stimme und Seiner Gegenwart, und die Regeln und Anordnungen liegen auf einer anderen Ebene. Als die Frau, die beim Ehebruch ertappt wurde, vor Jesus gebracht wurde, entschloss Er Sich, Seinen eigenen Regeln und Seinem Gesetz auf eine Weise Nachdruck zu verschaffen, die dem entgegengesetzt war, was das Gesetz verlangte. Und Jesus tat nur das, was Er den Vater tun sah. *Gehorsam wird für uns immer wichtig sein. Aber Gehorsam aus Liebe sieht ganz anders aus als Gehorsam aufgrund von Regeln.* Israel entdeckte, dass es nicht völlig gehorsam sein konnte, und auch wir können es nicht.

Zu behaupten, die Schrift ändere sich, ist ein unbehagliches Konzept. Sie ändert sich nämlich nicht in dem Sinne, dass sie nicht mehr wahr wäre oder sich selbst widersprechen würde, aber sie ändert sich auf dieselbe Weise wie ein Weinschlauch sich ausdehnt, um der immer stärker zunehmenden Bewegung des Geistes Gottes gerecht zu werden. In 5. Mose 23,1 gebietet der Herr, dass ein seiner Männlichkeit beraubter Mann »nicht in die Versammlung Gottes aufgenommen werden dürfe«. Doch in Jesaja 56,3-5 wird dem Eunuchen, der an dem Bund festhält, ein ewiger Name verliehen, der nicht ausgerottet werden wird. Schließlich bekehrt in Apostelgeschichte 8 Philippus einen Eunuchen, welcher der allererste Evangelist für Äthiopien wird. Petrus nannte diese Art von Verschiebung »die gegenwärtige Wahrheit«.

Aus dem Zusammenhang gerissen

Beim Studium der alttestamentlichen Prophetien, die im Neuen Testament zitiert werden, dauert es nicht lange, bis man feststellt, dass sowohl Jesus, als auch andere Verfasser der neutestamentlichen Schriften viele alttestamentliche Abschnitte aus ihrem Zusammenhang rissen, um ihren Punkt zu beweisen. Im Allgemeinen denkt man heute, der Heilige Geist habe auf diese Weise gearbeitet, um die Schrift zu verfassen, dass es aber heute inakzeptabel sei, ebenso zu handeln, weil der Kanon[26] jetzt vollständig abgeschlossen sei. Doch wie könnte es falsch sein, dieselben Prinzipien anzuwenden, die benutzt wurden, um die heiligen Schriften damals zu zitieren und zu verfassen, wenn man die Schriften jetzt interpretiert? Diese *Regel* ist dazu da, uns davor zu bewahren, dass wir Lehren aus der Erfahrung begründen und so dem rechtgläubigen Christentum widersprechen. *Auch wenn der Grund nobel ist, ist diese Regel doch nicht biblisch.* Sie hält uns fern von der Fruchtbarkeit, die der Gemeinde für diese Stunde aufgetragen wurde.

Diese Regel wurde von Menschen aufgestellt, weil wir nicht mehr mit der Gegenwart und Stimme des Heiligen Geistes vertraut sind. *Das Problem ist nicht unsere Tendenz, die Schrift unkorrekt zu interpretieren; das Problem ist vielmehr, dass wir, auch nach 2000 Jahren, in denen der Heilige Geist bei uns auf Erden und in uns ist, Ihn immer noch nicht kennen!* Diese Regel ist nicht die Antwort! Wenn wir darüber Buße tun, dass wir die dritte Person der Trinität ignoriert haben, ist das der Anfang der dringend not-

---

26 Kanon heißt übersetzt „Richtschnur" und meint die verbindliche Schriftensammlung der Bibel, welche 27 Bücher im Neuen Testament und in der nichtorthodoxen bzw. nicht-katholischen Christenheit 39 Bücher im Alten Testament umfasst.

wendigen Lösung. Das allein kann uns in Bereiche in Gott bringen, die zu erfahren vorher für eine ganze Generation undenkbar war.

Wie ist es möglich, dass man eine Regel der Bibelinterpretation festlegen konnte, welcher der Heilige Geist Selbst nicht folgte, als Er die Bibel inspirierte? Und zu sagen, dies sei nicht länger erlaubt, weil der Kanon jetzt vollständig sei, bringt wenig, da der Heilige Geist bei uns ist, und Er weiß, was Er meinte, als Er die Bibel »schrieb«. Diese Aussage nun ist potenziell gefährlich, weil einige dazu neigen, unheilige und unangemessene Lehren aufzustellen, aber auch dies rechtfertigt nicht die Beseitigung eines notwendigen Werkzeugs des Geistes, das Er benutzt, um zu Seinem Volk zu sprechen. Es besteht eine Gefahr, aber es wartet auch ein großer Schatz. Das ist die notwendige Spannung.

Ein neuer, nicht berstender Weinschlauch

Lehre muss ein Weinschlauch sein, der durch das Öl des Geistes elastisch erhalten wird. Wenn dieser rigide und unbeweglich ist, wird er Gottes Gewohnheit nicht nachgeben, uns mehr und mehr von Seinem Wort aufzuschließen. Gott liebt es, unserer Erkenntnis Dinge hinzuzufügen, von denen wir glauben, dass wir sie bereits verstehen. Allzu viel lehrmäßige Starrheit lässt unsere lehrmäßigen Weinschläuche platzen unter dem Gewicht voranschreitender Offenbarung. Das Endergebnis davon ist, dass die Gemeinde für die Welt um sie herum irrelevant und kraftlos wird.

Es ist leicht, einen besonderen theologischen Blickwinkel zu bevorzugen, ein Denkmal darum zu bauen, und seinem wichtigsten Gegenbild gegenüber taub und feindselig zu werden. Zum Beispiel bin ich von meinem Hintergrund her viel mehr Arminianer als Calvinist.[27]

---

27 Kurz umrissen betonen die Anhänger der souveränen, göttlichen, sog. »doppelten Erwählung« jedes Menschen entweder zum Heil oder zur Verdammnis ohne dessen Zutun oder Entscheidungsmöglichkeit, welche der Reformator Johannes Calvin formulierte, die absolute Vorherbestimmung der Dinge und die Verneinung jeglichen freien menschlichen Willens, während die Anhänger des Jacobus Arminius im exakten Gegensatz dazu die Willens- und Entscheidungsfreiheit des Menschen herausstellen (Anm. d. Übers.)

Und doch sind einige meiner teuersten Freunde Calvinisten. Ich liebe es, den Heiligen Geist durch sie zu hören, denn es herrscht eine Frische bei dem, was sie lehren. Ich werde von Gottes Souveränität überzeugt, und verlasse jeweils jene Versammlung mit der Überzeugung, dass »Gott mich erwählte, und nicht ich Ihn gewählt habe«. Umgekehrt, wenn ich in einer Versammlung sitze, wo der gegenteilige Standpunkt betont wird, verlasse ich diese auch mit einer Überzeugung – die des freien Willens, der Macht unserer eigenen Wahl, sowie meiner Verantwortung als einer delegierten Autorität auf diesem Planeten; und dass die Erfüllung seiner Absichten von der Treue von Gottes Volk abhängt. Was ist nun wahr? Beides.

Der Heilige Geist muss frei sein, zu uns über die Dinge zu sprechen, die Er auf Seinem Herzen hat; besonders zu diesen Dingen jedoch haben wir einen natürlichen Widerstand. Wir müssen für die Wahrheit offen sein, wenn sie eine biblische Grundlage hat und umgeben ist vom Hauch Gottes, der sie zu einem spezifischen Zweck lebendig macht. Der lehrmäßige Irrtum baut ein theologisches Denkmal rund um einen bestimmten Gesichtspunkt, der bequemerweise bestimmte Abschnitte der Schrift ausschließt, um uns dabei behilflich zu sein, uns in einem lehrmäßigen Rahmen sicher zu fühlen.

Ich mache mir auch Sorgen über unsere Neigung, uns um Lehren zu scharen statt um geistliche Väter. Erstere bauen Denominationen auf, während letztere Bewegungen schaffen. Selbst unsere wertgeachtetsten Lehren können unter der Inspiration des Heiligen Geistes erweitert werden. Gewöhnlich ist es nicht die Erweiterung, mit der wir die größten Schwierigkeiten haben. Die größten Probleme haben wir dort, wo Er beginnt, über das zu sprechen, was auf den ersten Blick dem widerspricht, was wir gelernt haben. Das Verlangen nach rigider Lehre steht in direkter Beziehung zu unserer Unfähigkeit, wirklich Seine Stimme zu hören. *Es ist entscheidend, dass wir fähig sind, Seine Stimme zu erkennen, so dass wir Seine Offenbarung aufnehmen können, selbst wenn diese unserer traditionellen Erziehung widersprechen sollte.*

Gott ist groß genug, mich für den Rest meines Lebens aus einem einzigen besonderen Vers tagtäglich zu ernähren. Das Wort Gottes ist unendlich tief. *Ich muss dem, was ich verstehe, mit einem kindlichen Herzen gegenüberstehen, weil das, was ich weiß, mich von dem abhalten kann, was ich wissen sollte, wenn ich kein Anfänger bleiben will.* Ein Experte auf irgendeinem Gebiet der Schrift werden zu wollen, ist oft genau das, was uns davon fernhält, die neuen Dinge zu lernen, die Gott uns in Seinem Wort aufschließt.[28] Noch einmal, es ist das kindliche Herz, das die Offenbarung von Gott geradezu magnetisch anzieht (vgl. Mt. 11,25).

Jesus Christus, die endgültige Offenbarung

Die eine Offenbarung, die im Begriff steht, alles zu verändern, ist die Offenbarung Jesu Christi. Paulus erklärte genau das, als er sagte, es gäbe etwas, das wir durch Offenbarung erfahren würden (vgl. Eph. 1,17), was uns in die Fülle Christi bringen würde, indem er sagte: »... bis wir alle hingelangen zur Einheit des Glaubens und der *Erkenntnis des Sohnes Gottes*, zur vollen Mannesreife, zum Maß des vollen Wuchses *der Fülle Christi*« (Eph. 4,13). Beachte, dass das Zur-Reife-Gelangen das Ergebnis dessen ist, dass wir *die Erkenntnis des Sohnes Gottes* gewinnen. Diese Offenbarung wird die Gemeinde, wie wir sie heute kennen, vollständig verändern, weil wir, wenn wir Ihn sehen, wie Er sein werden. Das wird uns instand setzen, Jesus exakt zu repräsentieren.

Jesus Christus in seiner Person ist die vollkommene Theologie. Er ist »... der (exakte) Abdruck seines Wesens« (Hebr. 1,3), die ultimative Darstellung des Vaters. Fragen, die in Bezug auf die Natur Gottes im Alten Testament existieren, werden im Neuen Testament geklärt. Wenn ich über Gottes absolutes Verlangen und Seine Sehnsucht zu heilen, lehre, werde ich immer wieder einmal gefragt: »Wie steht es mit Hiob?« Ich antworte dann: »Ich bin nicht ein Jünger von Hiob, sondern ein Jünger von Jesus«. Hiobs

---

28 Wenn Gott uns Wahrheit offenbart, so gründet diese immer auf dem Fundament zuvor offenbarter Wahrheit. Diese frühere Wahrheit wird dabei nicht abgeschafft. Sie ist die Grundlage, auf der das frische Wort aufgebaut werden kann.

Leben half, das Bewusstsein für die Notwendigkeit eines Erlösers zu schaffen. Hiob ist die Frage. Jesus ist die Antwort. Wenn unser Studium von Hiob (und andere alttestamentliche Fragen) nicht zu Jesus als der Antwort führen, dann zeigt das nur, dass wir die Frage nie richtig verstanden haben. Die Schattenbilder und Symbole des Alten Testamentes heben die klaren Manifestationen Gottes durch Jesus Christus im Neuen Testament nicht auf. *Jedes Verständnis, das wir bezüglich der Natur Gottes haben, das man nicht in der Person von Jesus sehen kann, muss in Frage gestellt werden.*

Wie viele Leute kamen zu Jesus, um ein Wunder zu erleben, und gingen enttäuscht wieder weg? Kein einziger! Er war zu 100 Prozent erfolgreich als Mann, der von Gott abhängig war. Er vermasselte auch jedes Begräbnis, an dem Er teilnahm, einschließlich Sein eigenes. Als die Jünger Ihn fragten, warum sie einem Kind nicht helfen konnten, unterwies Er sie, wie sie ihren Durchbruch erfahren können. Er sagte, dieser käme *durch Gebet und Fasten* (Mk. 9,29). Es ist Zeit, Seinen Rat zu befolgen und für uns selbst zu entdecken, wie wir den Durchbruch erleben können, der so schwer zu erreichen zu sein scheint. Er manifestierte den Willen Gottes. Und wir dürfen diesen nicht verändern, um ihn unserer Erfahrung anzupassen. Es ist Zeit, den Willen Gottes aufs Neue zu manifestieren.

Die Wirklichkeit und der Wert der Gefahr

Es ist offensichtlich und leicht zu beweisen, dass diejenigen, die versuchen, von Gott zu hören, nicht immer klar hören werden. Einige von uns werden riesige Fehler begehen und behaupten, sie hätten von Gott gehört, obwohl Er es in keinster Weise war. Doch, um Erfolg zu haben, muss man bereit sein, zu versagen.

Am Anfang unserer ersten Pastorenstelle kündigte einer der Ältesten der Gemeinde an, er und seine Frau würden ein Kind erwarten. Es sei das dritte und eigentlich eine Überraschung. Wir alle freuten uns mit ihnen über diese wunderbare Nachricht. Doch als die Zeit der Entbindung nahte, eröffnete ihnen der Arzt die schlimmste aller Nachrichten – das Kind in ihrem Leib war tot. Als sie mit der Nachricht zu uns kamen, versammelten wir uns zum Gebet. Es schien, dass ich überall, wo ich in der Bibel nachschlug, ich Verse über die Auferweckung fand. Und indem wir uns darauf beriefen, erklärten wir als Gemeinde, dass dieses Baby nicht tot sei, sondern lebe. Wir prophezeiten auf die beste Weise, wie wir es verstanden. Als der Tag der Entbindung kam, war das Baby tatsächlich tot. Es herrschte große Trauer; zuerst wegen des Herzeleids und Verlustes und zweitens, weil wir nicht richtig auf Gott gehört und das Ganze bei all unseren prophetischen Aussagen missverstanden hatten. Wir trafen uns als Gemeindefamilie, um die Tragödie und unsere Fehler zu bewältigen. Und so sorgfältig, wie ich nur konnte, sprach ich an, wo wir Gott missverstanden hatten, und versuchte, jeden zu ermutigen, trotz der Enttäuschung und des Verlustes geistlich vorwärtszudrängen.

Seither hatten wir mindestens zwei Babys, welche die Ärzte im Mutterleib für tot erklärt hatten, die auferweckt und lebend geboren wurden und denen es heute gut geht. (Eine Mutter war von fünf verschiedenen Medizinern untersucht worden, wobei alle zum gleichen Schluss kamen – das Baby sei tot. Jeder von ihnen warnte sie, sie würde sterben, wenn sie es nicht zuließ, dass das Kind entfernt werde. Doch Jesus, in Seiner Barmherzigkeit, erweckte das Baby in ihrem Mutterleib zum Leben). *Der Bereich unseres größten Risikos, obwohl wir zuvor schon einmal darin versagten, kann zum größten Bereich der Autorität werden, wenn wir nicht aufgeben.*

Im frühen 20. Jahrhundert gab es eine Versammlung von Gläubigen, welche die Kraft Gottes gekostet hatten, und Hunger hatten nach mehr. Viele gingen in fremde Länder, um Missionare zu werden, doch kümmerten sie sich nicht darum, die Sprache zu lernen, weil sie überzeugt waren, dass Gott sie ihnen geben würde, da sie ja in Zungen sprachen. Große Enttäuschung folgte sehr schnell, als sie ankamen und die Landessprache nicht verstanden. »Hingezogene Hoffnung macht das Herz krank« ist ein Bibelvers, der nie besser zutraf als in jenen Jahren wohlgemeinter missionarischer Bemühungen. Heute jedoch gibt es viele, die ein solches Wunder erlebt haben – welche durch ein Wunder die Fähigkeit erhielten, eine fremde Sprache zu sprechen, ohne sie je gelernt zu haben. Ich weiß von einigen Leuten, die über 10 vollständig verschiedene Sprachen sprechen, wobei sie viele davon empfingen, als sie in das neue Gebiet zogen, um zu evangelisieren. Auch wenn es keine Entschuldigung ist, das Lernen zu vernachlässigen, *ist das doch ein Lohn für die Bemühungen vorausgehender Generationen, auch wenn diese meinten, sie hätten versagt.*

Vor vielen Jahren sagte mir ein angesehener Leiter im Leib Christi, er habe bewusst den prophetischen Dienst in seiner Gemeinde aufgegeben. Er hatte den Eindruck, es bestehe eine zu große Gefahr und es gäbe zu viele potenzielle Probleme. Ich respektierte ihn zu sehr, als dass ich ihm widersprochen hätte, aber im Stillen wurde ich in meinem Herzen erregt, weil Geldfälscher im natürlichen Bereich keine falschen Ein-Cent-Münzen herstellten; diese Mühe lohnt sich nicht. Ich wusste, wenn der Feind so hart daran arbeitete, um eine Fälschung herzustellen, dass das Original von großem Wert sein musste. *Nur Dinge mit ewigen Konsequenzen wecken die Aufmerksamkeit des Teufels. Aus diesem Grunde werde ich ermutigt, wenn ich Gefahrenzonen sehe wie z.B. den Bereich des Prophetischen.*

Meine Lösung ist es, Leute zu finden, die gleicher Gesinnung sind und mit denen ich zusammenarbeiten kann, die die Gefahren in unserem gemeinsamen Bestreben wahrnehmen, sowie demütig und verantwortlich bleiben in unserem Streben nach dem Authentischen.

Die angemessene Antwort auf Gefahren

Oft wird charismatischen oder pfingstlichen Gruppen vorgeworfen, sie hätten ein dürftiges theologisches Fundament. Zugegeben, der Hunger nach mehr bringt gewisse Leute dazu, zu übertreiben. Auch wenn dies die Ursache für einige der Fehler in der Kirchengeschichte gewesen sein mag, so gilt dies doch nicht für die meisten von ihnen, zumindest nicht für die Ernsthaftesten unter ihnen.

Die gefährlichsten Irrlehren stammen gewöhnlich nicht aus einem starken Verlangen, das Rhema-Wort des Herrn zu hören und ihm zu gehorchen. Sehr häufig hängen solche Tragödien mit einer dämonischen Heimsuchung (Engel des Lichts) zusammen, die entweder real oder eingebildet ist, und mit der darauf folgenden Erhöhung dieser sogenannten Offenbarung auf das Autoritätsniveau der Bibel. Es ist jedoch eine Tatsache, dass es oft in der Geschichte solche gegeben hat, die in Bezug auf einen Vers oder einen Satz in der Schrift falsch inspiriert waren. Das Ergebnis war, dass dadurch eine falsche oder dürftige Lehre entstanden ist. Das Bedürfnis, anders oder originell zu sein, hat eine Menge schlechter Theologie hervorgebracht.

Im letzten Jahrhundert zum Beispiel las ein Gentleman den Bericht über die Erfahrung auf dem Berg der Verklärung. Nachdem Mose und Elia verschwunden waren, heißt es, die Jünger hätten »nur noch Jesus allein« (Jesus only) gesehen (vgl. Mt. 17,8). Es schien ihm die Rhema-Offenbarung zu sein, welche der Gemeinde all diese Jahre gefehlt hatte: Es gäbe keine Trinität – Vater, Sohn und Heiliger Geist. Es gab nur Jesus. Und so war eine weitere Häresie geboren worden, die Jesus-only-Bewegung.

Die Regeln, die ich vorhin erwähnte, wurden geschaffen – darüber bin ich mir sicher, um uns vor solchen Fehlern zu schützen. Doch manchmal halten uns die Regeln, die uns vor dem Irrtum bewahren sollen, von unserer Bestimmung fern. Ich glaube, dass dies eine dieser Zeiten ist. *Die angemessene Antwort auf gefährliche, und an sich wichtige Ideen ist es, demütig zu bleiben, hungrig zu bleiben, Risiken einzugehen und verantwortlich, d.h. rechenschaftsbereit, zu bleiben.*

Doch die Antwort von vielen war es, eine eher analytische Einstellung zum Christenleben zu haben, eine, die in der Lehre und Disziplin stabil ist, die aber ohne persönliche Erfahrung lebt, Gelegenheiten, um Risiken einzugehen, ignoriert, sowie gefühlsmäßigem Ausdruck und Leidenschaft widersteht. Das Christentum wurde nie an seiner Disziplin erkannt. Man lernt es durch seine Leidenschaft kennen; *und diejenigen ohne Leidenschaft befinden sich in weit größerer Gefahr, als sie ahnen. Dämonen werden durch eine religiös desinfizierte Umgebung angezogen, wo keine Kraft vorhanden ist.*

Ferner hat der Fokus vieler Denominationen innerhalb der Kirche auf ein angemessenes theologisches Fundament als Mittelpunkt des Glaubens diese nicht zu einer Begegnung mit Gott geführt, die das Leben, die Kraft und die Herrlichkeit Christi demonstriert. Jesus warnte die Pharisäer, als Er sagte: »Ihr irrt, weil ihr weder die Schriften kennt, noch die Kraft Gottes« (Mt. 22,29). Beides, sowohl die Schrift als auch die Kraft Gottes sind entscheidend! Es gibt keine Rechtfertigung für irgendeinen Mangel auf einem dieser beiden Gebiete. *Der Strom guter theologischer Sorgfalt und der Strom eines erfahrungsorientierten Christentums werden zusammenfließen, wenn wir lernen, beim Erlangen einer vollen Demonstration des Evangeliums einander Ehre zu erweisen.*

Meditation: Der Weg des Denkers zu einem neuen Weinschlauch

Die biblische Meditation ist etwas ganz anderes als das, wozu in der New-Age-Kultur ermutigt wird. Deren Meditation ist eine Fälschung, weil sie dazu auffordert, unsere Gedanken zu entleeren und ein Nichts »in die Mitte zu stellen«, was uns für irgendeinen *Engel des Lichts* anfällig macht, welcher eindringen und letztlich die Kontrolle übernehmen kann. Leider gibt es viele böse Geister, die auf eine solche Leere warten. Echte Meditation hingegen schwelgt im Wort Gottes. Dieses absolute Fundament für unser Denken setzt den Kurs und schlägt eine Richtung ein, die sicherstellt, dass wir für unser ganzes Leben mit auf die Reise genommen werden. Sie ist ein Zusammenspiel mit dem Heiligen Geist. Das ist ein guter Start dafür, dass wir den neuen Weinschlauch des Denkens bekommen, von dem die Bibel spricht, indem man dem Samen Zeit lässt, im eigenen Herzen zu keimen. »Denkt nach (meditiert) in eurem Herzen auf eurem Lager, aber seid still!« (Ps. 4,5).

Die Fruchtbarkeit der Meditation

Es gibt eine sehr merkwürdige Geschichte im 1. Buch Mose über Jakob und seinen betrügerischen Schwiegervater Laban. Er hatte für Laban gearbeitet, als ginge es immer so weiter, und er wurde wieder und wieder betrogen. Er wollte von dieser kostspieligen Beziehung loskommen und für seine wachsende Familie ein eigenes Zuhause einrichten. So verhandelte Jakob mit Laban wegen eines Teils der Herde, der ihm für die Jahre seines Dienstes gegeben werden sollte. Das würde ihn in die Lage versetzen, mit etwas wegzugehen, das ihm half, *sein eigenes Leben zu beginnen*. Sie kamen überein, dass er als Lohn alle scheckigen und gesprenkelten Schafe und Ziegen bekommen sollte. Laban stimmte der Abmachung zu, denn er wusste, dass gefleckte und gesprenkelte Tiere eine außerordentliche Anomalie waren. 1. Mose 30,37-39 spricht so von Jakobs ungeheuerlichem Plan:

»Und Jakob nahm sich frische Stäbe von Storaxbaum, Mandelbaum und Platane und schälte an ihnen weiße Streifen heraus, indem er das Weiße, das an den Stäben war, bloßlegte. Und er legte die Stäbe, die er geschält hatte, in die Tränkrinnen, in die Wassertränken, wohin die Tiere zum Trinken kamen, vor die Tiere hin; und sie waren brünstig, wenn sie zum Trinken kamen. So waren die Tiere vor den Stäben brünstig, und die Tiere warfen gestreifte, gesprenkelte und gefleckte Lämmer«.

Wenn die Tiere zum Trinken kamen, sahen sie gefleckte und gesprenkelte Stäbe bzw. Stöcke im Boden nahe ihrer Wasserlöcher, was gleichzeitig auch ihr Brutplatz war. Als sie dann zum Wasser kamen und *Empfängnis hatten*, taten sie das mit ihren Augen auf die gefleckten Stöcke gerichtet. Das Ergebnis war, dass sie gefleckte und gesprenkelte Junge zur Welt brachten. Und das alles *aufgrund dessen, was sie sahen*, wenn sie zum Wasser kamen.

Mehr als einmal wird vom Wort Gottes als vom Wasser gesprochen. Es reinigt uns von den Unreinheiten des Lebens auf dieselbe Weise, wie das Waschbecken benutzt wurde, um die Priester des Alten Testamentes zu reinigen, bevor sie in die Gegenwart Gottes traten. Das Blut befasst sich mit der Sünde, aber es ist das Wasser, das sich an die Unreinheit wendet (vgl. Eph. 5,26). Es ist kein Zufall, dass das Wasserbecken aus den Spiegeln der Frauen hergestellt wurde, da die Bibel uns berichtet, dass das Wort Gottes wie ein Spiegel ist (vgl. 1. Kor. 13,12; 2. Kor. 3,18; Jak. 1,23).

Ich glaube nicht, dass es eine unzulässige Überdehnung bezüglich der Absicht Gottes ist, wenn wir die folgende Lektion aus Jakobs Geschichte ziehen: *Wenn wir zum Wort Gottes kommen, werden wir das Wort empfangen und reproduzieren, was wir sehen.* Noch interessanter ist dies, was zu meiner persönlichen Erfahrung geworden ist – *worauf immer mein Herz gerichtet ist, wenn ich an die Bibel herantrete, bestimmt, was ich in der Bibel sehen werde.* Das kann gut oder schlecht sein und hängt ganz davon ab, ob ich »mein Herz mehr als alles, was man sonst bewahrt, behütet habe« (Spr. 4,23). *Solche mit bösen Gedanken im Herzen können die Bestätigung für das bekommen, wonach sie Ausschau halten, indem sie die Schrift falsch lesen. Das Problem ist nicht die Methode oder der Zugang zur Bibel; es geht vielmehr darum, ob wir bereit sind oder nicht, demütig, ehrlich und hungrig zu bleiben für Dinge, die andere scheinbar ständig überlesen.* Das Herz rein zu bewahren macht die Reise in das Wort Gottes zu einer Reise, bei der nichts unmöglich ist.

Wenn ich mit Evangelisation in meinem Sinn zum Wort Gottes komme, hat es den Anschein, als würde sich Evangelisation auf jeder Seite der Bibel finden. All diese Geschichten bestätigen aufs Neue mein Verständnis für Gottes Herz für die Menschen, aber sie eröffnen mir auch neue Schriftstellen, die ich zuvor nie unter dem Gesichtspunkt der Evangelisation gesehen habe. Dasselbe gilt für Finanzen. Wenn ich mit Geld im Sinn zum Wort Gottes komme, hat es den Anschein, als lehre die ganze Bibel über Verwalterschaft. Dieses Prinzip trifft auf jedes Thema zu, das ihr man anführen könnte. *Was du zu diesem Wasserloch trägst, wird vieles von dem bestimmen, was du siehst und reproduzieren, d.h. hervorbringen wirst.*

Gott möchte, dass wir für die Schwierigkeiten und Traumata des Lebens auf diesem Planeten Seine Lösungen hervorbringen. Wenn wir unsere Anliegen zum Herrn bringen, die aus unserem Einflussbereich und aus unserer Autorität auf dieser Erde herrühren, fängt Er an, uns Seine Geheimnisse aufzuschließen, die in Seinem Wort verborgen liegen. Wenn zum Beispiel bei der beruflichen Arbeit ein Konflikt zwischen zwei Freunden entsteht, wird Gott dir besondere Einsicht durch Sein Wort geben, wie du dort Frieden hereinbringen kannst. Wenn eine Notwendigkeit aufkommt, dein Geschäft zu erweitern, du dir aber nicht sicher bist, wie oder wann, wird er aus den Seiten Seines Wortes zu dir sprechen. Es ist lebendig, sofort anwendbar und in seiner Reichweite und Kraft unbegrenzt.

Sein Wort wird lebendig. Er haucht die Seiten Seines Buches an und etwas geschieht in unserem Herzen. Es wird lebendig! Am Ende läuft es darauf hinaus: *Wir werden reproduzieren, was wir sehen, wenn wir zum Wasser Seines Wortes kommen.*

Sprechen lernen

Wenn wir Gottes Wort studieren, wird uns das Herz Gottes offenbart. Alles, was Er angekündigt hat, wird geschehen. Sein Wort wird nicht zurückkehren, ohne die Frucht getragen zu haben, die Er beabsichtigte (vgl. Jes. 55,11). Wir haben das Vorrecht, sagen zu dürfen, was der Vater sagt, und dadurch zu lernen, wie wir unsere Welt durch biblisches Dekretieren[29] gestalten können. Das ist Thema des nächsten Kapitels.

---

29 D.h. durch das Erlassen von Dekreten, d.h. verbindlichen Regierungsanweisungen, wie sie ein Herrscher von seinem Thron ergehen lässt (Anm. d. Übers.).

Kapitel 9

Unsere Welt neu gestalten

*Der Heilige Geist wird in den Körpern
von ungläubigen Gläubigen gefangen gehalten*

In Kapitel 1 warfen wir einen Blick auf Adams Rolle, wie er die Tiere benannte. Ihm wurde die einzigartige Verantwortung übertragen, mit Gott bei der Gestaltung des Wesens der Welt, in der er leben würde, zusammenzuarbeiten. Ist es möglich, dass wir aufs Neue auf diese Ebene von Autorität zurückversetzt worden sind? Würde denn das Blut Jesu überhaupt etwas Geringeres als das bewerkstelligen? Uns wurde dieses erstaunliche Werkzeug gegeben, um unsere Verwalterrolle zu erfüllen; »Tod und Leben sind in der Gewalt der Zunge...« (Spr. 18,21). Mit unserem Sprechen gestalten und verändern wir unsere Umgebung. Durch schlichtes Proklamieren werden Realitäten geschaffen, die nur einen Moment zuvor noch gar nicht existiert haben. Mit diesem Werkzeug können wir aufbauen oder niederreißen, erbauen oder entmutigen, Leben geben oder zerstören. Das dekretierte Wort hat die Fähigkeit, die Erde mit den Ressourcen des Himmels zu versorgen. Als Reformatoren müssen wir zuerst auf das achten, was wir sagen, indem wir realisieren, dass wir im Grunde die Welt bauen, in der wir leben müssen. Wir haben die Fähigkeit, *von Gott her* zu reden, indem wir Seine Welt und Seine Wege offenbaren. Wie Bischof Joseph Garlington sagt: »*Nichts geschieht im Königreich Gottes bis etwas ausgesprochen wird*«.

Jesus beschreibt eine der vorrangigen Rollen des Heiligen Geistes auf folgende Weise: »Was Er euch mitteilt, wird Er von Mir empfangen (und es einfach an euch weitergeben)« (Joh. 16,14; *Haller*). Er sagt dies, nachdem Er geoffenbart hatte, dass alle Dinge Ihm gehören. Jesus sagt uns hiermit, wie Sein Erbe (alle Dinge) auf unser Konto gebucht wird. Es wird durch das Dekretieren geschehen. Jedes Mal, wenn Gott zu uns redet, wird eine himmlische

Ressource von Seinem Konto auf das unsrige übertragen. Gott zu hören ist entscheidend für die Freisetzung und Entdeckung der unermesslichen Weite unseres Erbes in Christus. Es übersteigt jedes Verständnis. Es umfasst *alle Dinge*, alles (1. Kor. 3,21).

Die Übertragung von »allen Dingen«, also unserem Erbe, führt zu dieser Frage: »Warum will Gott uns alle Dinge geben?« Weil für uns *alle Dinge* notwendig sein werden, um den Auftrag zu erfüllen, den Gott uns gegeben hat. Unsere Aufgabe von Gott wird den Gebrauch »aller Dinge« notwendig machen. Es wird nötig sein, dass »alle Dinge« unserer Aufsicht unterstehen, um Seine Pläne auf Erden zu verwirklichen.

Zeit für Werkzeuge

Eines der entscheidenden und notwendigen Werkzeuge, um das Wesen der Welt um uns herum neu zu definieren, ist die Gabe der *Ermutigung*. Dieses tiefgründige Werkzeug hat die ganze Aufmerksamkeit des Himmels. Wenn Engel wahrnehmen, dass dieses Werkzeug eingesetzt wird, wissen sie, dass ihr Auftrag freigegeben wurde. Dabei geht es um mehr als bloß um einen natürlichen Gebrauch von Worten, um jemandem ein gutes Gefühl für sich selbst oder für seine Umstände zu verleihen; Ermutigung ist ihrer Natur nach übernatürlich, und arbeitet mit dem Himmel zusammen, um eine Reaktion des Himmels hervorzurufen.

Auf dieselbe Weise überträgt der Heilige Geist unser Erbe auf uns durch das Dekretieren. Also setzen wir himmlische Bereiche frei durch unser Sprechen. In Gottes Heilsabläufen gibt es keine Schöpfung ohne Dekretieren (vgl. Ps 33,6). Bewusstes Dekretieren in Übereinstimmung mit den Bundesverheißungen Gottes ist entscheidend für die Umwandlung der Königreiche dieser Welt.

Die bestimmte Zeit der Gunst ist gekommen

»Und Jesus nahm zu an Weisheit und Alter und Gnade bei Gott und den Menschen« (Lk. 2,52). Ich verstehe, weshalb Jesus es nötig hatte, an Gunst bei den Menschen zuzunehmen, da es Ihm in der

Gesellschaft Zugang und Einfluss auf eine Weise einbrachte, die Er ohne Gunst nie gehabt hätte. Doch wie kommt es, dass der Sohn Gottes, der in jeder Hinsicht vollkommen ist, zunehmen muss an Gnade bzw. Gunst bei Gott? Ich habe darauf keine Antwort. Doch dies eine weiß ich: Wenn Jesus mehr Gunst bei Gott benötigte, um Seinen Auftrag zu vollenden, um wieviel mehr bedarf dann ich der Zunahme darin!

Wie bei fast allem, was mit dem Königreich Gottes verbunden ist, nehmen wir zu durch großmütiges Weggeben dessen, was wir haben. Mit Gnade bzw. Gunst ist es auch nicht anders. »Jede (Art von) fauler, modriger, von Verwesungsgeruch erfüllter Redeweise soll nicht aus eurem Munde kommen. Im Gegenteil: Wenn ihr etwas sagt, soll es etwas Gutes sein, das diejenigen (in das Haus der Gemeinde) einbaut, die es nötig haben. So gebt ihr (göttliche) Gnade an die weiter, die euch zuhören.« (Eph. 4,29; *Haller*). In diesem Abschnitt stellen wir fest, dass es dem Menschen, mit dem wir reden, Leben vermittelt, wenn wir Worte der Erbauung sprechen. *Gnade ist die Gunst Gottes; ein hochgeschätztes, himmlisches Gut. Dies ist ein bedeutendes Werkzeug, weil es Umwandlung herbeiführt durch ermutigende Worte, indem es die Gunst Gottes auf den lenkt, dem wir zu dienen suchen.*

Ich habe einen prophetischen Freund, der mir sagte, dass, wenn ich möchte, dass er in eine bestimmte Gemeinde gehen soll, ich es ihm bloß sagen müsse und er dann gehen würde. Die Gunst, die ich in den Augen dieses wunderbaren Mannes habe, ist übertragbar. Er hat mir die Freiheit gegeben, einen Ort zu wählen, und wegen der Gunst, die ich in seinen Augen habe, wird er dieselbe Gunst einer Gemeinde gewähren, die er gar nicht kennt. *Auf die gleiche Weise können wir jemanden auswählen, den wir ermutigen möchten, im Wissen, dass Gott dieselbe Gunst auf ihn richten wird, die wir von Ihm empfangen haben. Es ist eine Frage der Treuhänderschaft.* Wenn wir in Frage stellen, dass Gläubigen tatsächlich eine solche Rolle zugewiesen wurde, die ewige Konsequenzen hat, so möchte ich dich daran erinnern, dass Jesus gesagt hat: »Welchen ihr die Sünden vergebt, denen sind sie vergeben; welchen ihr sie behaltet, denen sind sie behalten« (Joh. 20,23).

Eine Kultur der Ehre

Ermutigung ist das anfängliche Werkzeug, das benutzt wird, um das zu schaffen, was wir *eine Kultur der Ehre* nennen. Wir benutzen Ehre, um Gläubige darin zu schulen, in ihre Bestimmung hineinzutreten, um unsere Gemeinschaft in der Gerechtigkeit zu stärken und selbst für die Evangelisation. Nutzen wir sie Wir haben Menschen in den verschiedensten Sparten unserer Zivilgemeinde geehrt und erzielten dabei erstaunliche Ergebnisse. Der durchschnittliche Ungläubige ist es nicht gewohnt, dass Christen etwas Nettes über ihn sagen. Das Christentum ist mehr für das bekannt, was wir nicht mögen, als für das, was wir mögen. Trotz unserer Mängel wurde uns diese wunderbare Gabe gegeben, uns vom Rest zu unterscheiden – nämlich durch die Gnade, zu ermutigen. Wenn wir ermutigen, dann geht es um mehr als nur um einen Moment, in dem wir uns gut fühlen; in Wirklichkeit setzt Ermutigung die Gunst Gottes frei.

Die Wahrheit, dass Ermutigung die übernatürlichen Aktivitäten Gottes in unsere Umgebung hinein freisetzt, ist eine große Sache im Königreich Gottes. In Jesaja 35,4 wird dem Volk Gottes geboten, anderen mit diesen Worten zu dienen: »Seid tapfer und fürchtet euch nicht! Seht, da ist euer Gott! Die Rache kommt, die Vergeltung Gottes; er selbst kommt und wird euch retten!«. Das ist eine Ermutigung, die auf Gottes bundesmäßiger Versorgung und auf Seiner Verheißung beruht. Es geht darum, dass wir das nehmen, was uns durch eine Verheißung zur Verfügung steht, und es im Leben eines Menschen ins Dasein sprechen. Die Heerscharen der Engel erkennen ihre Beauftragung gemäß der Worte, die gesprochen werden, um sicher zu stellen, dass diese auch ins Dasein kommen (vgl. Ps. 103,20). Die erstaunliche Antwort vom Himmel ist bemerkenswert: »Dann werden die Augen der Blinden aufgetan und die Ohren der Tauben geöffnet werden; dann wird der Lahme springen wie ein Hirsch und die Zunge des Stummen lobsingen; denn es werden Wasser in der Wüste hervorbrechen und Ströme in der Einöde« (Jes. 35,5-6). *Unmöglichkeiten geben nach in der übernatürlichen Atmosphäre der Ermutigung.*

Diese Atmosphäre der Ehre schafft ein gesundes Klima, aus dem heraus wir den Menschen um uns herum mit Leben dienen. Statt das Opfer unserer Umstände zu werden, werden unsere Umstände zu unseren Opfern, indem wir sie einem bundesmäßigen Zweck unterwerfen (vgl. Röm. 8,28). Wir werden zur Antwort auf den Herzensschrei der Gesellschaft.

Von innen nach außen leben

Im Bereich der Königsherrschaft Gottes sind alle Antworten auf die Probleme des Lebens enthalten. Es spielt keine Rolle, ob es um die Krise der Ozonschicht geht, um den Umgang mit streitsüchtigen Nachbarn oder um ein Eheproblem oder um ein Geschäft, das gerade den Bach heruntergeht; der Bereich der Herrschaft des Königs hat die Antwort auf alles. *Dieser Bereich der Herrschaft ist der Bereich des Heiligen Geistes, welcher die Herrschaft Jesu Christi manifestiert, die zuerst in unseren Herzen verwirklicht wird.*

Jesus lehrte uns, dass »... das Reich Gottes in euch sei« (Lk. 17,21). Alle Belange der Königsherrschaft sind Herzensbelange. Richtig mit Einstellungen, Ehrgeiz und Plänen zu verfahren ist der Schlüssel, um sich der Herrschaft Gottes zu erfreuen, die sich in unserem Leben darstellt. Unsere Beziehung zum Heiligen Geist ist grundlegend für die Durchbrüche, die wir alle erleben möchten.

»Euch ist es gegeben, die Geheimnisse des Reiches Gottes zu erkennen...« (Lk. 8,10). Die Geheimnisse Gottes sind unsere Erbschaft. Wir haben zu dieser Wirklichkeit Zugang um derer willen, die sich um uns herum befinden. Die wunderbaren Dinge, die der Welt gegenüber manifestiert werden sollen, müssen von uns ausströmen. Gott beabsichtigte, dass Sein Ausdruck der Welt gegenüber *aus dem Innern* Seines Volkes hervorgehen soll.

Israel wurde berufen, die Herrschaft Gottes durch seinen Auszug aus Ägypten und seinen Einzug ins verheißene Land zu manifestieren. Normalerweise hätte diese Reise höchstens ein paar Wochen gedauert, doch Israel benötigte dazu 40 Jahre. Sie *wanderten* vierzig Jahre lang durch die Wüste. In Wirklichkeit taten sie äußerlich nur, was sie im Innern erlebten. »Darum wurde ich zornig über jenes Geschlecht und sprach: Immer gehen sie in ihrem Herzen in die Irre, und sie haben meine Wege nicht erkannt, so dass ich schwor in meinem Zorn: Sie sollen nicht in meine Ruhe eingehen!« (Hebr. 3,10.11). Die Wendung »in die Irre gehen« bedeutet »wandern«. Sie wanderten zuerst in ihrem Herzen. Was in ihrem Inneren vorging, bestimmte und formte die Welt um sie herum. Mit anderen Worten, ihre inneren Realitäten wurden zu ihren äußeren Realitäten. Die Lektion daraus ist einfach: *Was in unserem Innern vor sich geht, beeinflusst, was um uns herum geschieht. Dieses Prinzip betrifft Gesundheit, Beziehungen, Erfolg in unserem Beruf, sowie unsere Begabungen und Dienste. Alle Dinge fließen aus dem Herzen hervor.* Salomo erkannte dies und lehrte:

»Mehr als alles, was man (sonst) bewahrt, behüte dein Herz! Denn in ihm (entspringt) die Quelle des Lebens.« (Spr. 4,23)

Die Treuhänderschaft unseres Herzens ist eine der primären Verantwortungen unseres Lebens. Wenn wir das erfolgreich tun, ist der Erfolg in anderen Gebieten des Lebens garantiert. Wenn du auf deine Einstellungen und Haltungen richtig achtest, ist dir ein Gott wohlgefälliger Lebenswandel sicher. Fahrlässige Einstellungen geben einem falschen Denken Raum; und es ist das falsche Denken, das sündigen Handlungen den Weg bahnt.[30]

Friede auf Erden

Im 4. Kapitel des Markus-Evangeliums befand sich Jesus mit Seinen Jüngern in einem lebensbedrohenden Sturm. Zu ihrer Verwunderung war er eingeschlafen. Ich habe Leute sagen hören, Er habe geschlafen, weil Er erschöpft gewesen sei. Ich möchte eher die Deu-

---

30 Wir entdeckten hierin eine Hauptwahrheit für unsere Kindererziehung. Wenn wir die Kinder in der richtigen Gesinnung (Einstellungen und Haltungen) schulen, bewahrt sie das vor viel Herzeleid durch falsche Handlungen. Aber die Eltern müssen den Kindern in diesem Prinzip zuerst einmal ein Vorbild sein.

tung vorschlagen, dass Er schlief, weil es in der Welt, in der Er lebte, keine Stürme gab. Jesus demonstrierte auf diese Weise, was es bedeutet, *in himmlischen Örtern zu sitzen*. Es war die exakte Anwendung dessen, was Er meinte, wenn er sagte, dass »... Der, der ... vom Himmel herabgestiegen ist: Der Menschensohn, der (auch jetzt) im Himmel ist« (Joh. 3,13; *Haller*), auch wenn Er auf dem Planeten Erde direkt vor ihnen stand.

Sie weckten Ihn auf und fragten: »Kümmert es dich nicht, dass wir zugrunde gehen?«, wobei es eigentlich erstaunlich ist, eine solche Frage dem Retter der Welt zu stellen. Er reagierte, indem Er über dem Sturm »Friede« aussprach, und der Sturm hörte auf. *Der Friede in Ihm, der ihn befähigte, inmitten eines Konfliktes zu ruhen, wurde zur eigentlichen Substanz, die Er freisetzte, welche dann auch den Sturm stillte.* Mit anderen Worten, Seine innere Realität wurde zu Seiner äußeren Realität. Wenn es in dir und wenn es echt ist, dann kann es auch durch dich freigesetzt werden. Wir »haben« Autorität über jeden Sturm, in dem wir schlafen können, genauso wie wir nur das weggeben können, was wir empfangen haben.

Göttliche Gesundheit und Wohlergehen

Dieses Prinzip der Königsherrschaft beeinflusst alles, was wir sind und tun. Es scheint das Herz zu sein, das hinter folgender Aussage schlägt: »Mein Lieber, ich wünsche dir, dass es dir in jeder Hinsicht gut geht und Du gesund bist, so wie es (bereits) Deiner Seele gut geht« (3. Joh. 2; *Haller*). Wieder stellen wir fest, dass, was im Innern herrscht, das Äußere beeinflusst. Gesundheit in meinen Gefühlen, in meinem Verstand und Willen beeinflusst mein körperliches Wohlbefinden. Es ist auch wichtig zu beachten, dass eine gedeihliche Seele den Segen des Herrn sowohl in materieller, als auch in finanzieller Hinsicht anzieht.[31] Das ist das Wesen des Lebens. Die Wirklichkeit des Herzens hilft, das Wesen der Welt um uns herum zu definieren.

---

31 Wir sollten daran denken: Der Königreichs-Überfluss wird nicht daran gemessen, was ich habe, sondern in dem, was ich hergegeben habe.

Wie zuhause, so auch auf Erden

Ein Stolperstein für viele Kinder, die in christlichen Familien aufwachsen, ist die Tatsache, dass Mama und Papa sich in der Gemeinde anders verhalten als zuhause. Manchmal ist es eine Frage von glatter Heuchelei. Doch meistens handelt es sich um wohlmeinende Gläubige, die nie gelernt haben, auf ihr Herz zu achten. Wenn Beklemmung und Unruhe das Herz eines Menschen beherrschen, entsteht dadurch automatisch diese Atmosphäre in ihrer Familie. Die Freude, von der in der Gemeindeversammlung gesungen wird, ist dann ausgerechnet dort etwas Fremdes, wo sie am nötigsten wäre – nämlich zuhause.

Das ist im Grunde die Ursache von viel Ausgebranntsein bei Christen. Es besteht ein Druck, nach außen das darzustellen, was im Inneren gar nicht existiert. Das zeigt sich dann in einem Werke-orientierten Evangelium, bei dem man versucht, eher durch Leistung die Gunst zu gewinnen, als von einer Position der Gunst aus zu dienen.

Manchmal konzentrieren wir uns darauf, bloß unsere Wortwahl zu ändern, weil wir wissen, dass unsere Worte schöpferische Kraft besitzen. Aber noch immer ist es so, dass der Mund aus der Fülle des Herzens spricht. Das Äußere zu verändern ohne mit dem Herzen zu verfahren, ist der Weg der Religion. Der Drang nach Wundern ist dasselbe. Zu versuchen, äußerlich ein gewisses Maß eines Ausdruck des Königreiches zu gewinnen, welches sich im Inneren nicht manifestiert, ist ein Zeichen dafür, dass der grausame Zuchtmeister der Religion anwesend ist. Im Gebot, das Wunderhafte zu tun, finden wir den Schlüssel: »Umsonst habt ihr es empfangen, umsonst gebt es auch« (Mt. 10,8). Wir können in dem Maße *Königsherrschaft* weggeben, in welchem wir *die Herrschaft des Königs in uns erfahren*. Was im Innern regiert, regiert auch außen. *Genau so wie es mit dem Schatten von Petrus war, so wird das, was mich überschattet, durch meinen eigenen Schatten freigesetzt* (vgl. Apg. 5,15). Das Herz ist imstande, alle möglichen bösen Dinge zu tun, aber auch alle möglichen Arten von bedeutenden Durchbrüchen. Die Treuhänderschaft deines Herzens entscheidet darüber, was dort hervorgebracht wird.

Partnerschaft mit dem Schöpfer

Die Seele, die durch Kummer, Eifersucht, Zorn, Groll und dergleichen gebunden ist, ist auf einer beständigen Basis nicht zur Kreativität fähig. Es ist unmöglich, in diesem göttlichen Vorrecht zu gedeihen, weil wir getrennt von unserer Bestimmung funktionieren. Das volle Potenzial findet sich nur dort, wo wir tragen, was Gott uns zu tragen gegeben hat – »meine Last ist leicht« (Mt. 11,30). Es ist allgemein bekannt, dass man frei ist für einen kreativen Ausdruck, wenn der Verstand eines Menschen nicht von diesen Dingen belastet ist. Stell es dir so vor – wenn ich ein Auto mit einem Achtzylindermotor habe, dann benötige ich alle acht Zylinder, um seine volle Kraft zu erreichen. Es ist möglich, auch nur mit sechs Zylindern zu fahren, aber das ist nicht gut für den Motor. Es ist auch nicht das, wofür der Wagen bestimmt ist. Die Menschen lernen ständig, mit Kummer, Angst und anderen emotionalen Drucksituationen zu leben und meinen schließlich, ihr »Motor« laufe gut. Das Problem besteht darin, dass sie gelernt haben, das, was (für sie) normal ist, aufgrund ihres nicht normalen Lebensstils zu definieren, der weit unter ihrem Potenzial liegt. An Groll und ähnlichem festzuhalten entzieht unserer Maschine Kraft und disqualifiziert uns für einen bedeutsamen, geistlichen Durchbruch. Buße ist der Anfang der Lösung. Sie bringt uns zur Vergebung und hinein in unsere Zweckbestimmung.

Eine Vision für hundert Jahre

Wir glauben, Gott verlange von uns, für unsere Gemeinde eine Vision für hundert Jahre zu haben. Mit anderen Worten: Wir treffen ständig Entscheidungen im Wissen, dass diese eine Generation betreffen werden, die wir nie zu Gesicht bekommen werden. »Was ein guter Mensch hinterlässt, geht über auf Kindeskinder« (Spr. 13,22). Gottes Gerechtigkeit macht uns gut. Es ist Seine Gerechtigkeit, die bewirkt, dass wir die Auswirkungen unserer heutigen Entscheidungen auf die Generationen, die folgen, sehen.

Diese Vision ist nur durch die Entdeckung des göttlichen Planes möglich. Indem wir den ewigen Vorsatz Gottes für Sein Volk sehen, sind wir imstande, einen Lebensstil zu entwickeln, der mit einem solchen Vorsatz übereinstimmt. Das Endergebnis ist, dass wir Seine Pläne für den Ungläubigen nachvollziehbar machen.

Wir sind zuallererst ein Volk von Gottes Gegenwart. Die Gemeinde ist die ewige Wohnstätte Gottes. Als solche sind wir für unseren Dienst *für Gott* bekannt, der uns für einen wirksameren Dienst *an den Menschen* positioniert und ausrüstet. Zum Beispiel ist die Evangelisation in ihrer reinsten Form schlicht ein Überströmen von Anbetung. Wenn die Herrlichkeit Gottes über dem Haus Gottes und im Innern des Hauses Gottes im Alten Testament gesehen werden konnte – wie viel mehr sollte man Zeuge sein von dieser Herrlichkeit in diesem Haus, welches Gemeinde genannt wird; denn Gott baut Seine Gemeinde (vgl. Mt. 16,18).

Wir sollen die Weisheit Gottes zur Schau stellen, damit sie von all denen gesehen wird, die sich in einer Machtposition befinden – einschließlich der Fürstentümer und Gewalten in himmlischen Regionen. Der kreative Ausdruck, der durch die Weisheit zustande kommt, ist eine Mahnung an alles, was existiert, dass diese Gruppe von Gläubigen beauftragt worden ist, himmlische Lösungen für irdische Probleme zu bringen. Das wird die Häupter einer geringeren Weisheit dieser Welt dazu bringen, sich der göttlichen Weisheit zuzuwenden, die den Schrei des menschlichen Herzens beantwortet.

Als Seine delegierte Autorität auf Erden haben wir die Verantwortung, den Auftrag weiterzuführen, den Jesus vom Vater empfangen hat – »... die Werke des Teufels zu zerstören« (1. Joh. 3,8). Der Teufel ist besiegt, doch viele seiner Werke bleiben unbehelligt. Bevor Jesus in den Himmel aufgenommen wurde, gab Er denselben Auftrag, den Sein Vater Ihm übergeben hatte, an uns weiter (vgl. Joh. 20,21). Dies ist der sichtbare Dienststil, um jene Teile des Lebens von Menschen anzusprechen, die von dem in Mitleidenschaft gezogen worden sind, der gekommen ist, »um zu stehlen, zu töten und zu verderben« (Joh. 10,10).

Berge versetzen

Es gibt zwei grundsätzliche Berge des Widerstandes gegenüber der Denkweise, die uns für eine andere Generation bauen lässt. Der erste ist unsere eigene Selbstsucht. *Es ist leicht, hinsichtlich dessen zu denken, was für uns das Beste ist, und diejenigen aus den Augen zu verlieren, die in dem Bett schlafen müssen, welches wir machen.* Hiskia beging diesen Fehler. Er sündigte dadurch, dass er seine ganzen Schätze Fremden zeigte. Als der Prophet ihn tadelte, tat er dies mit den Worten: »Siehe, es kommt die Zeit, da alles, was in deinem Haus ist und was deine Väter bis zu diesem Tag gesammelt haben, nach Babel weggebracht werden wird; es wird nichts übrig bleiben! spricht der Herr. Und von deinen Söhnen, die von dir abstammen werden, die du zeugen wirst, wird man welche nehmen, und sie werden Kämmerer sein im Palast des Königs von Babel« (2. Kön. 20,17-18). Es ist schwer, sich vorzustellen, wie ein so großer Reformator so tief fallen konnte, aber seine schockierende Antwort war die: »Das Wort des Herrn, das du geredet hast, ist gut! Denn, sprach er, es wird ja doch Friede und Sicherheit sein *zu meinen Lebzeiten*!« (2. Kön. 20,19). Es ist traurig zu sehen, wie ein so großer Mann nur an sich selbst dachte zu einem Zeitpunkt, als ihm gerade eben eröffnet worden war, dass seine Familienlinie einen Fluch tragen müsse wegen seiner törichten Entscheidung. Er war so glücklich darüber, in seinen Tagen den Segen genießen zu können, dass er völlig aus den Augen verlor, dass er derjenige war, der seinen Nachkommen ein böses Vermächtnis hinterlassen würde. Er ließ sie mit einem Fluch statt mit einem Segen stehen, was ein verblüffendes Ende darstellt für das Leben eines großen Mannes, der Erweckung förderte.

Das zweite Problem ist Folgendes: *Es ist schwierig, eine hundert Jahre umfassende Vision für einen Planeten zu haben, von dem du glaubst, dass er bald dem Feuer von Gottes Gericht anheimfallen werde.* Es ist hart, etwas einzunehmen, wie uns geboten wurde, und dafür zu beten, dass Seine Herrschaft demonstriert werden soll, wenn unsere Hoffnung sich vollständig auf das Leben im Himmel stützt. Das ist eine schwierige Spannung für die

Gemeinde, die zwischen sich scheinbar widersprechenden Wahrheiten existiert; unsere *selige Hoffnung* auf die Wiederkunft Christi und unsere Freude am Vorrecht, für Seine Königsherrschaft (die Herrschaft des Königs) so zu beten und uns abzumühen, dass sie – jetzt – komme! *Die Verheißung der Wiederkunft Christi gibt mir nicht die Erlaubnis, mit dem Befehl Christi verantwortungslos umzugehen.*

Nationen von Schafen und Böcken

Wir haben die Ehre, in einer Zeit zu leben, in der unser Leben beim Ausgang von Weltereignissen einen dramatischen Unterschied ausmacht. Wir wurden für diese Stunde geboren. Unsere Bestimmung ist es, so zu leben, als sei nichts unmöglich. Der Befehl, Nationen zu Jüngern zu machen, ist nicht nur bildlich gemeint. Es war ein wörtlicher Befehl, hinter dem der ganze Himmel steht, für diejenigen, die diesen Auftrag annehmen. Dies ist eine Zeit, in der die Nationen von »Schafen« und »Böcken« bestimmt werden. Wenn die Gemeinde schweigt oder sich über die göttliche Absicht im Unglauben befindet, kann uns dies das Vorrecht kosten, diesen Teil unseres Auftrages zu erfüllen. Es wird für viele Nationen in einem Desaster enden, die eine gewaltige Ausgießung des Geistes hätten haben können.

Ganz gleich, wie und wann du glaubst, dass wir in den Himmel entrückt werden, wir müssen uns der Vorstellung entledigen, dass Jesus kommen werde, um Seine Gemeinde *zu retten*. Diese Lüge hat viele Generationen von Revolutionären auf eine ähnliche Weise aus ihrer Bestimmung herausgezogen, vergleichbar einem Gelenk, das ausgerenkt wird. Sie hat die Gemeinde in eine Verteidigungshaltung versetzt, um das zu schützen, was wir haben, statt uns selbst für eine Zunahme zu positionieren. Die Strategie, Land einzunehmen, um Voranzuschreiten, ist ein absolutes Königreichsprinzip. Frage den Mann, der sein Talent begraben hat, um es zu schützen (vgl. Mt. 25,24-28). Er besaß, um zu bewahren, ohne das zu vermehren, was ihm anvertraut worden war, und erlitt für seine Entscheidung einen Verlust mit ewigen Konsequenzen.

Die höchste Herausforderung in Sachen Haushalterschaft

Das führt uns zu unserer letzten Wahrheit hinsichtlich dieser Herausforderung. Uns wurde die Gelegenheit geschenkt, den Lauf der Weltgeschichte zu formen, indem wir lernen, schon in unsere Zeit das hereinzuholen, was eigentlich für eine spätere Zeit vorgesehen war. Das ist das Thema des letzten Kapitels.

Kapitel 10

Das Morgen ins Heute hereinholen

*Wir besitzen bereits in der Gegenwart das,
was noch nicht ist*

Um die Erde mit den Ressourcen des Himmels auszustatten, muss unser Verständnis von Verwalterschaft zunehmen. Viele wehren sich, wenn Leiter über unsere schlichte Rolle lehren, wie man mit Geld umgeht, und disqualifizieren sich damit automatisch von den wichtigeren Fragen, wie z.B. der, wie wir verantwortungsvoll mit unseren Gaben, unserer Zeit, unseren Beziehungen, und der Welt, in der wir leben, umgehen. Aber die größte Ehre, die uns als Verwaltern anvertraut wurde, ist die Verantwortung, das Morgen schon heute zu verwalten.

Unsere Rolle, die Welt um uns herum durch kreative Ausdruckskraft zu gestalten, steht nie mehr im Vordergrund, als wenn wir freudig lernen, das Morgen ins Heute hereinzuholen. Gott schult uns für diese Rolle, wann immer Er zu uns spricht, denn wenn Er dies tut, arbeitet Er daran, unsere Gefühle für Seine Königsherrschaft zu wecken und festzumachen. Menschen, deren Herz in Seiner Welt verankert ist, sind am besten dafür qualifiziert, in dieser Welt zu dienen. Er befestigt Seinen ewigen Vorsatz in uns, wann immer Er spricht. Sein Wort kommt aus der Ewigkeit in die Zeit herein und gibt uns ein Gleis, auf dem wir entlangfahren können. Es verbindet uns mit der Ewigkeit und veranlasst uns, auf unsere Welt durch den Einfluss Seiner Welt einzuwirken.

Unser Erbe

Das Erbe des Gläubigen übersteigt jegliches menschliche Verständnis. Den Reichtum dieser Gabe in die ewige Zukunft zu verlegen ist dasselbe, als würde man die Kraft des Kreuzes in der Gegenwart verleugnen. Er gab uns eine unbegreifliche Gabe, weil wir einen alle Vernunft übersteigenden Auftrag haben. Jesus gab uns alle Dinge, weil wir *alle Dinge* brauchen würden, um unsere Berufung zu erfüllen. Er beabsichtigt, die Erde mit Seiner Herrlichkeit zu erfüllen und Seine herrliche Braut wird dabei eine Rolle spielen.

Es ist interessant zu beachten, dass wir das Morgen bereits geerbt haben – *die Dinge, die erst noch kommen*. Das macht uns auf eine tiefgründige Weise zu Verwaltern des Morgen. Gott offenbart uns kommende Ereignisse und wir verwalten den Zeitpunkt dieser Ereignisse. Dieses erstaunliche Vorrecht wird in der Schrift bildlich dargestellt und vermittelt uns Einblick in Abschnitte, die sonst schwer zu verstehen wären.

Israel wurde von Gott verblendet

Oft werden wir durch die ganze Schrift hindurch mit Aussagen und Prinzipien konfrontiert, die unser Verständnis von Gott herausfordern. Es ist nie so, dass man Ihn für böse oder unzuverlässig halten könnte; aber oft ist Er geheimnisvoll und unvorhersagbar.

Einen solchen Fall finden wir im Johannesevangelium. Auf den ersten Blick sieht es so aus, als habe Gott Israel auf dem Kieker, als hoffe Er, sie würden nicht Buße tun, weil Er sie nicht heilen möchte:

> »*Er hat ihre Augen verblendet und ihr Herz verhärtet, damit sie nicht mit den Augen sehen, noch mit dem Herzen verstehen und sich bekehren und ich sie heile.*« (Joh. 12,40)

Und doch vermittelt uns die Schrift in ihrer Gesamtheit ein anderes Bild. Wir wissen, dass Gott nie ein sanftes Herz verhärtet. Es ist das sanfte Herz, das empfängt, was Gott sagt und tut. Wo immer Menschen wirklich Gott gesucht haben, hat Er sie mit viel Barmherzigkeit und Gnade willkommen geheißen, da Er der Wiederhersteller zerbrochener Leben ist. Doch ein hartes Herz ist eine völlig andere Geschichte, da Gott ein hartes Herz verhärten wird.

Der Pharao ist möglicherweise das beste Beispiel dafür (vgl. 2. Mose 7). Die Bibel sagt, er habe sein Herz dem Herrn gegenüber verhärtet und er habe dies wiederholt getan. So verhärtete Gott sein Herz endgültig, indem er diesen Zustand dauerhaft werden ließ. Würde sich der Pharao nicht als Werkzeug der Gerechtigkeit gebrauchen lassen, würde Gott seine Bosheit dafür benutzen, um Seine Wunder zur Schau zu stellen. Gottes Absicht war es jetzt, ihn als Schachfigur für Seine Absichten zu verwenden.

Die Juden verhärteten sich genauso und wurden so für Seine Absichten verwendet. Sie hatten den Dienst Jesu aus erster Hand drei Jahre lang beobachtet. Auch wenn Nazareth die einzige Stadt war, von der wir wissen, dass sie sich Ihm aus Unglauben verweigerte, so taten doch auch die anderen nicht Buße, obwohl sie Seine außergewöhnlichen Wunder gesehen hatten (vgl. Mt. 11,21). Gottes Zur-Schau-Stellung Seiner Wunder hat ein Preisschild – wir können nicht mehr so leben (denken und handeln), wie wir es vorher taten. Wunder stellen Gottes Herrschaft zur Schau mit einer Klarheit, die im übrigen Leben selten zu sehen ist. Sie zu sehen und sich nicht zu ändern bringt Gericht über uns. Das war der Fall bei vielen der Städte Israels.

Gott ist vollkommen an Weisheit und Er ist imstande, selbst das Schlimmste, das der Mensch zu tun imstande ist, zu Seiner Herrlichkeit zu gebrauchen. In Seiner Souveränität entschloss Er sich, *diesen Zeitabschnitt ihrer Verwerfung des Evangeliums* als die Zeit zu gebrauchen, in der er die Heiden dem Glauben hinzufügen würde. Das wird noch klarer in Römer 11 besprochen:

»*Soll ich nun (aus all dem) den Schluss ziehen, dass sie (von Gott) weggestoßen wurden, damit sie (endgültig) zu Fall kommen sollten? Auf gar keinen Fall! Denn (gerade) durch ihren Fehltritt ist ja das Heil zu den Nationen gelangt, in der Absicht, sie (durch diese – die Nationen) zum Nacheifern zu reizen.*« (Röm. 11,11; Haller)

Israels Ablehnung von Jesus verschaffte den Heidenvölkern die Gelegenheit, in den Ölbaum, in das Israel Gottes, eingepfropft zu werden (Gal. 6,16; Röm. 11,17-24). Die ganze Geschichte ist eine faszinierende Studie über Gottes souveränen Plan, Menschen aus jedem Stamm, jeder Sprache und jeder Nation zu retten, doch dies zu erläutern ist nicht der Zweck dieses Kapitels. Vielmehr ist in dieser wunderbaren Geschichte eine bemerkenswerte Wahrheit versteckt: *Hätten die Juden damals gesehen, was Gott für sie in Seinem Königreich in den letzten Tagen vorgesehen hatte, und hätten sie darum gebeten, hätte Gott es ihnen geben müssen. Er hätte ihnen geantwortet, auch wenn es noch nicht Seine richtige Zeit gewesen war, Seine Verheißung in Erfüllung gehen zu lassen.* So benutzte Er ihre Herzenshärte als Grundlage dafür, sie blind werden zu lassen, um sicherzustellen, dass Sein Vorsatz in Seinem Zeitplan erfüllt würde. Statt einfach »Nein« zu sagen, antwortete er damit, dass Er ihre bereits verhärteten Herzen noch mehr verhärtete, so dass sie unfähig wurden, die Möglichkeiten des Königreiches wahrzunehmen.

Was lernen wir daraus? *Wenn du es siehst, kannst du es haben! Vielleicht wäre es besser zu sagen: Wenn Gott dich zukünftige Verheißungen sehen lässt, dann mit der Hoffnung, dass sie dich packen und dich dazu veranlassen, nach diesen Dingen hungrig zu werden. Durch ein geradezu verzweifelt-sehnsüchtiges Herz bist du imstande, die Erfüllung dieser Verheißungen in den Zeitabschnitt deines Lebens hereinzuziehen.*

Der Zweck der Offenbarung

Offenbarung bedeutet »den Vorhang zu heben«. Es bedeutet, eine Decke von etwas zu entfernen, so dass wir es klarer sehen können. Sie schafft nicht etwas; sie offenbart einfach das, was bereits da war. *Wenn Gott kommende Ereignisse und Verheißungen offenbart, dann verleiht Er uns Zugang zu einem besonderen Bereich in Ihm.* Alle Verheißungen, die Er uns offenbart, werden zu ihrer Zeit verwirklicht, doch die Beschleunigung der Ereignisse wird weitgehend durch die verzweifelte Sehnsucht von Gottes Volk bestimmt. *Unsere Leidenschaft für Ihn und Seine Verheißungen beschleunigt den Wachstumsprozess und die Entwicklung, und qualifiziert uns zur Verwalterschaft dieser Ereignisse, und zwar früher, als sie geplant waren.*

Biblische Präzedenzfälle

Jesus und Seine Mutter Maria gingen dem 2. Kapitel des Johannes-Evangeliums zufolge auf eine Hochzeit. Nachdem sie bereits eine Weile dort gewesen waren, bemerkte Maria, dass der Hochzeitsgesellschaft der Wein ausgegangen war. Sie sprach mit Jesus über dieses Problem. Jesus antwortete: »Lass Mich (damit) in Ruhe, Frau. Noch ist der geeignete Zeitpunkt für Mich nicht gekommen« (Joh. 2,4; *Haller*). Da Jesus nur sagte und tat, was Er von Seinem Vater aufgriff (vgl. Joh. 5,19), ließ Er sie wissen, dass dies nicht die richtige Zeit war, Ihn als Wundertäter zu offenbaren. Maria war dreißig Jahre lang *schwanger* gewesen mit Gottes Verheißungen bezüglich ihres Sohnes und sie fand es schwierig, noch länger zu warten. Sie wandte sich an die Diener und sagte ihnen, sie sollten tun, was immer Jesus ihnen sage. Jesus, der alle Seine Anweisungen von Seinem Vater erhielt, gewahrte, dass dieser Zeitpunkt nun zum richtigen Zeitpunkt geworden war. Erstaunlich! *Gottes Zeitplan änderte sich! Was für einen späteren Tag vorgesehen war (nämlich Jesus als den Wundertäter zu offenbaren), wurde durch ihre verzweifelte Sehnsucht in ihre Zeit hereingeholt.*

Bei einer anderen Gelegenheit diente Jesus einer Frau am Brunnen. Sie war eine Samariterin. Jesus machte einen solch tiefen Eindruck auf sie, dass sie die ganze Stadt davon überzeugen konnte, zu kommen und Ihn sprechen zu hören. Zunächst glaubten sie aufgrund des Zeugnisses der Frau, doch schließlich glaubten sie aufgrund ihres eigenen persönlichen Umgangs mit Ihm. Wichtig hierbei ist, dass es für Nicht-Juden noch nicht an der Zeit war, das Evangelium zu hören. Den Jüngern wurde nicht einmal die Chance gegeben, zu ihnen zu predigen, als sie im Matthäus-Evangelium, Kapitel 10, ausgesandt wurden, da dieser neue Schwerpunkt erst nach dem Tod und der Auferstehung Jesu kommen sollte. Doch in dieser Begebenheit baten die Leute der Stadt Jesus, doch noch zwei weitere Tage zu bleiben, was Er auch tat. *Sie zogen ein Vorrecht in ihre Zeit herein, das eigentlich einer andere Zeit vorbehalten gewesen war.*

Die tiefgründigste Geschichte

Dem König David gebührt der Preis dafür, dass er vielleicht die größte Geschichte erlebte, die dieses Prinzip illustriert. Seine Situation ist für uns schwer vorstellbar – er war ja unter dem Gesetz. Nur der Hohepriester konnte in die tatsächliche Gegenwart Gottes treten. Seine Gegenwart »wohnte« über der Bundeslade, die sich im Allerheiligsten befand. Er konnte nur eine Schale voller Blut mitbringen, in der Hoffnung, Gott würde das Opfer annehmen und die Strafe für die Sünde ein weiteres Jahr hinausschieben. Wäre irgendein anderer als der Priester je in die tatsächliche Gegenwart Gottes gekommen, so hätte er sterben müssen. Gott hätte ihn getötet. Es war in jenen Tagen gewiss keine leichtfertige Einstellung, zum Gottesdienst zu gehen.

David ist als der Mann nach Gottes Herzen bekannt. Er hatte eine Offenbarung über Veränderungen im Zugang zu Gott, die durch Nathan und Gad, den Propheten, die an seinem Hofe dienten, bestätigt wurden. Diese Einsicht veränderte alles. Er erkannte, dass das Blut von Stieren und Ziegen nichts bewirkte, um tatsächlich das Herz Gottes zu berühren, und dass Gott wirklich Ausschau hielt nach den Opfern der Zerbrochenheit und Betrübnis. Eine weitere, radikale Veränderung, die in jenen Tagen fast unvorstellbar gewesen wäre, war die, dass jeder Priester täglich in der Gegenwart Gottes willkommen war. Und diese Priester müssten nicht mit einer Schale voller Blut kommen, sondern würden stattdessen Opfer der Danksagung und des Lobes darbringen.

Die Vorbereitungen begannen. Die Musiker und Sänger wurden geschult. Israel bereitete sich darauf vor, dass die Gegenwart Gottes nach Jerusalem zurückkehrte. Saul, Israels früherer König, hielt wenig von der Bundeslade.[32] *Doch David wollte Gottes Gegenwart mehr als alles andere.* Auch wenn es anfangs Probleme gab, die auf die Tatsache zurückzuführen waren, dass sie Gottes Anweisungen, wie die Bundeslade zu tragen war, nicht befolgten, bekam David

---

32 Die Bundeslade war ein mit Gold überzogener Kasten, auf dem sich der sogenannte Gnadenstuhl befand – darauf ruhte die Gegenwart Gottes für Israel.

schließlich dennoch seinen Wunsch erfüllt. Er schlug ein Zelt auf für die Bundeslade und mit großen Feierlichkeiten brachte er Seine Gegenwart in die Stadt zurück und stellte sie in ein Zelt. Nach Davids Anordnung dienten die Priester Gott vierundzwanzig Stunden am Tag und dies Jahrzehnte lang. Es gab keine Tieropfer vor Seiner Gegenwart in diesem Zelt. Es geschah zu 100 Prozent Anbetung.

Es ist wichtig, hier zwei Dinge zu beachten 1. Was sie taten, war vom Gesetz, unter dem sie lebten, verboten. Und 2. Es wurde ihnen ein flüchtiger Blick auf das neutestamentliche Gemeindeleben gewährt. Aufgrund des Blutes Jesu hat jeder Gläubige Zugang zur Gegenwart Gottes, um Ihm mit Danksagung, Lobpreis und Anbetung zu dienen.

David war in erster Linie ein Anbeter. Als junger Mann hatte er ohne Zweifel viel über die Gegenwart und das Herz Gottes gelernt. *Er kostete von einem Lebensstil, der für die Gläubigen des Neuen Testamentes reserviert war, weil er zu seiner Zeit danach gehungert hatte. Sein Hunger nach dem, was er sah, wurde so stark, dass Gott ihm etwas, was eigentlich einer späteren Zeit vorbehalten war, davon in seiner Lebenszeit gewährte.*

Die große Kluft überqueren

Wir haben die schlechte Gewohnheit, das meiste an guten Verheißungen der Bibel zu nehmen und sie unter den geheimnisvollen Teppich zu kehren, den wir »das Tausendjährige Reich« nennen. *Es ist gröblich inkonsequent zu sagen, die Endzeit hätte mit dem Pfingsttag in Apostelgeschichte 2 begonnen, und dann die wunderbaren Verheißungen der Propheten über die Endzeit zu nehmen und zu sagen, sie würden sich auf das Tausendjährige Reich beziehen.* Zum Beispiel sagt Micha 4,1-2: »Am Ende der Tage wird es geschehen..., (dass) viele Nationen werden hingehen und sagen: Kommt, lasst uns hinaufziehen zum Berg des Herrn und zum Haus des Gottes Jakobs, dass er uns aufgrund seiner Wege belehre! Und wir wollen auf seinen Pfaden gehen«. Der Irrtum unserer Auslegung zeigt sich ganz klar in der Tatsache, dass das, was hier geglaubt wird, wenig oder gar keinen Glauben benötigt, um das zu bekommen, worauf der größte Teil der Gemeinde wartet – dass die Welt immer schlechter wird und dass die Gemeinde da herausgerettet wird. Das ist eine unverantwortliche Art, auf diese große Verheißung zu reagieren.

Hätte David mit einer solchen Gesinnung gelebt, hätte er unter der Beschränkung des alttestamentlichen Gesetzes leben müssen und hätte uns kein Zeugnis von einem Leben des Feierns und der Freude vermitteln können. Er veranschaulichte in seinem eigenen Leben den neutestamentlichen Gläubigen, bevor es überhaupt irgendetwas derartiges gegeben hat.

Wenn es je irgendeinmal eine Grenzlinie gegeben haben sollte, wo es unmöglich gewesen wäre, etwas aus einer zukünftigen Zeit in eine gegenwärtige Zeit hereinzuholen, dann hätte dies zur Zeit Davids der Fall sein müssen. Die Schranke zwischen dem Gesetz und der Gnade war so groß, dass das, was David tat, unmöglich vorauszusagen gewesen wäre, hätten wir uns noch auf der anderen Seite des Kreuzes befunden. Doch die verzweifelte Sehnsucht eines hungrigen Herzens brachte das Unmögliche zustande. Sie zog etwas in ihre Zeit herein, das nicht nur für die Zukunft gedacht war, auch war es nicht einfach einem anderen Tag vorbehalten gewesen; es war für eine ganz andere Art von Rasse[33] reserviert gewesen. *Doch David zog ungeheuerlicherweise dieses größte aller Privilegien im Leben über die größte vorstellbare Kluft hinüber!* Er hatte täglichen Zugang zu der Herrlichkeit Seiner Gegenwart! Das wäre etwas gewesen, was eigentlich nur durch das Blut von Jesus hätte möglich gemacht werden können.

Unsere größte Herausforderung

Wenn es zutrifft, dass die Verheißung von wiederhergestellten Städten und geheilten Nationen eigentlich Verheißungen über das Tausendjährige Reich sind... und wenn die Verheißung, dass sich

---

[33] Gläubige sind in der Tat eine neue Schöpfung, eine neue Rasse von Mensch. Vgl. 2. Kor. 5,17 und 1. Petr. 2,9.

die Herrlichkeit Gottes über die ganze Erde hin manifestieren wird, noch weit in der Zukunft liegt... und wenn in der Tat das Volk Gottes auf dieser Seite der Ewigkeit nicht einen Ort echter Reife erreichen wird, wo es wie ein einziger, erwachsener Mann lebt – dann muss ich diese Fragen stellen: *Ist irgendjemand hungrig genug für das, was Er uns in der Schrift gezeigt hat, so dass wir heute schon etwas in unsere Zeit hereinziehen, was einem anderen Zeitabschnitt vorbehalten ist? Ist irgendjemand bereit, sich selbst hinzugeben, um mehr von den Verheißungen Gottes über den großen Graben herüberzubringen?* Und wie steht es mit der Verheißung, dass jedermann den Herrn erkennen werde (vgl. Jer. 31,34)? Ist diese es nicht wert, um unserer Städte willen, uns nach ihrer Erfüllung auszustrecken?

Wenn das, was ich dargelegt habe, wahr ist, dann kann sich keiner hinter der Eschatologie[34] verstecken. Niemand ist ausgenommen wegen irgendeiner lehrmäßigen Interpretation der Endzeit. Niemand hat eine Entschuldigung. *Wenn du die kommenden zukünftigen Verheißungen sehen kannst und Er deine Augen nicht aufgrund deiner Hartherzigkeit Seinen Absichten gegenüber verblendet hat, dann hofft Er, dass du dich dort hineinpositionieren lässt,* »*dem, was nicht ist, zu rufen, dass es sei*« (Röm. 4,17). Das ist die Positionierung in ein verzweifelt-sehnsüchtiges Herz des Glaubens. *Wir haben die Möglichkeit, die Richtung und den Strom der Geschichte durch unsere Gebete und Fürbitte zu beeinflussen. Das geschieht, wenn wir die Zukunft ergreifen.* Und das ist der Grund, weshalb Er uns »die Dinge, die kommen werden« zeigen möchte (Joh. 16,13). Die Zukunft geschieht jetzt, und sie gehört uns.

Wo sind all die Zeiten hingegangen?

Sein Königreich kennt nur Zunahme und Beschleunigung. Es ist der Hunger des Volkes Gottes, der dazu beiträgt, den Prozess der Entwicklung und des Wachstums zu beschleunigen, und so tat-

---

34 Lehre von den letzten Dingen«, die sich mit der Endzeit, dem Tausendjährigen Reich, dem Neuen Himmel und der Neuen Erde befasst (Anm. d. Übers.)

sächlich die Zeit »vor ihrer Zeit« kommen zu lassen. Es ist meine Überzeugung, dass Gott versucht, unsere Ausreden hinsichtlich bestimmter angeblich festgelegter »Zeiten« loszuwerden. Viele haben die längste Zeit ihres Lebens in einem geistlichen Winter zugebracht und haben dies »Gottes Handlungsweise« zugeschrieben. Die Metapher der festgesetzten »Zeiten« ist zu einer Entschuldigung für Launenhaftigkeit, Unglauben, Depression, Untätigkeit und dergleichen geworden. Das muss aufhören. Wie die technologische Entwicklung geradezu explosiv gewachsen ist, so wird auch die Entwicklung und Reife dieser Generation zunehmen.

Bäume, die an Gottes Strom gepflanzt worden sind, tragen an zwölf Monaten des Jahres Frucht. Sie sind der prophetische Prototyp der Generation der letzten Tage, welche die vorhergesagte Beschleunigung erlebt hat. Wie sonst, glaubt ihr, ist es möglich, dass »der Pflüger den Schnitter überholt«[35] (Amos 9,13)? Das ist ein erstaunliches prophetisches Bild über eine Zeit, in der Pflanzen und Ernten in einer einzigen Bewegung vollzogen wird. Wie anders können wir zu der Reife gelangen, von der im Buch Sacharja gesprochen wird, wo es heißt, dass der Schwächste unter uns wie David ist und der Stärkste wie Gott selbst« (vgl. Sach. 12,8)? *Diese Dinge sind für die Stunde reserviert, die unmittelbar vor uns liegt. Lasst uns heute schon das Morgen ergreifen. Wir haben keine Zeit zu vergeuden, um dann Gott dafür zu tadeln. Es ist die Zeit, zuzugreifen, weil wir sehen!*

Es steckt eine Botschaft für uns im verfluchten Feigenbaum. Jesus verfluchte ihn, weil er außerhalb der Zeit keine Frucht gebracht hat. Er ging sofort ein. Handelte Er unvernünftig? Verlor Er Seine Fassung? Oder zeigte Er uns damit etwas über Seine Erwartungen an unser Leben, das wir sehr leicht übersehen? *Er hat das Recht, von denen, die Er für das Unmögliche geschaffen hat, die Frucht des Unmöglichen zu erwarten. Der Geist des auferstandenen Christus, der in mir lebt, hat mich für alles Weltliche und Gewöhnliche disqualifiziert, weil ich ein gläubiger Glaubender bin. Der Glaube qualifiziert mich für das Unmögliche.*

---

35 So gibt die englische Bibelübersetzung diesen Vers wieder.

Wir haben eine Pflanze in unserem Gebetshaus, von der normalerweise erwartet wird, dass sie nur ein paar Monate im Jahr blüht. Doch in der Gegenwart des Herrn, die sich in diesem Gebetshaus befindet, blüht sie das ganze Jahr hindurch. Er versucht, unsere Aufmerksamkeit mit einem natürlichen Phänomen zu gewinnen, das auf diese Wahrheiten hinweist.

Heute ist ein neuer Tag

Gott benutzt den Hunger Seines Volkes, um den Schwung dieses Tages zu steigern, indem Er drastische Veränderungen im Schrittmaß der Entwicklung herbeiführt. Brandneue Gläubige warten nicht, bis ein »Reifer« ihnen sagt, dass etwas möglich sei. Sie haben das Buch gelesen, und sie wissen, dass es rechtmäßig ist. Diese tätowierte Generation mit ihren Piercings am Körper und mit wenig Angst vor dem Tod hat sich auf die Möglichkeit der Bedeutsamkeit bei Gott eingeschossen. Diese jungen Leute haben gesehen, was frühere Generationen unmöglich genannt haben, und sie geben sich nicht mit weniger zufrieden. Was mich betrifft, schließe ich mich ihnen an bei der Suche nach dem echten Evangelium, das keine Mauern, keine Unmöglichkeiten kennt, und das mit einer absoluten Hingabe an den König und Sein Königreich gelebt wird.

Gott offenbart zukünftige Ereignisse nicht deshalb, um uns zu Strategen zu machen. *Er zeigt uns die Zukunft, um uns unzufrieden[36] zu machen, weil hungrige Leute die Ressourcen des Himmel in Bewegung bringen, wie es sonst niemand und nichts tun könnte. Das ist der eigentliche Grund, warum es die Reichen so schwer haben, ins Reich Gottes zu kommen – sie haben so wenig Hunger nach dem, was echt ist, was unsichtbar ist – ihre Verzweiflung wurde betäubt durch einen Überfluss an Minderwertigem.*

---

36 Eines der Geheimnisse, um eine Erweckung am Leben zu erhalten, ist es, dankbar zu sein für das, was Gott getan hat, während man gleichzeitig unzufrieden bleibt, weil es noch mehr gibt.

Der Zweck des Ringens

Vor zwei Jahren suchte ich nach einem Durchbruch bei der Heilung meines Vaters. Er traf jedoch nie ein und er ging heim, um bei Jesus zu sein – doch das ist eine Geschichte, die ein anderes Mal erzählt werden sollte. Lasst uns einfach sagen, dass es keine Fehler auf Gottes Seite der Gleichung gibt. Ich fühlte mich so, als würde ich gegen einen tausend Pfund schweren Felsblock stoßen, der sich nicht bewegen ließ. Und auch wenn ich Monate lang gegen diesen Felsblock stieß, bewegte er sich nie. Wir feierten seinen Heimgang und gelobten, weiter gegen all die Dinge zu stoßen, die das Leben von Menschen verkürzen wollen.

Nicht lange danach stellte ich fest, dass, auch wenn ich diesen tausend Pfund schweren Brocken nicht bewegen konnte, ich nun den 500-Pfund schweren Felsblock wegbewegen kann, der gerade daneben liegt. *Und ich hätte den Block dieser Größe nicht wegbewegen können, hätte ich nicht vorher mit dem schwereren Brocken gekämpft. Das Ringen formt uns und versetzt uns in die Lage, mehr zu tragen, als wir je zuvor zu tragen imstande waren und es öffnet uns Bereiche der Salbung im Dienst, die zuvor unerreichbar für uns gewesen waren.*

Oft benutzt Gott das Ringen, um die Erfahrung eines Menschen in Ihm weit über das hinaus zu steigern, was die anderen um ihn herum kennen. Ich nenne es »einen Standard setzen in der menschlichen Erfahrung«. In vergangenen Zeiten benutzten Leute mit dieser erhöhten Position der Erfahrung und der außerordentlichen Salbung und Gunst, die damit verbunden ist, diese, um Menschen zu sich zu ziehen, damit diese von ihrer Gabe empfangen konnten. Auch wenn dies stets ein Teil des Zwecks einer Gabe ist, liegt dies weit hinter Gottes Absicht zurück. *Die gesteigerte Erfahrung ist die Position, um den Leib Christi zuzurüsten, so dass das, was einst für den Einzelnen den Höhepunkt eines Durchbruchs bedeutete, jetzt zur Norm für die ganze Gemeinde wird.* Das Ringen führt zu einem Durchbruch, der weitergegeben werden muss. Alle müssen von dem Preis profitieren, den wir bezahlen, um uns durch die Hitze des Tages durchzuarbeiten. Das ist einfach Sein Weg.

Träumer, lasst uns zusammenkommen

Wir befinden uns in einem Rennen. Es ist ein Rennen zwischen dem, was ist, und dem, was sein könnte. Wir sind einzigartig positioniert mit dem reichsten Erbe aller Zeiten. Es hat sich durch mehrere Jahrtausende angesammelt, in denen die Menschheit Gott begegnete, und durch mehrere Jahrtausende, in denen Gott der Menschheit begegnete. Die gerechten Verstorbenen beobachten uns. Sie füllen die himmlischen Tribünen an und sie haben den Namen »Wolke von Zeugen« erhalten (Hebr. 12,1). Sie haben erkannt, dass bei einem Stafettenlauf jeder Läufer einen Preis bekommt entsprechend dem, wie der letzte Läufer seinen Lauf beendet hat. Sie investierten in uns für diese letzte Etappe des Laufes und warten nun, um zu sehen, was wir mit dem tun, was uns anvertraut worden ist.

Uns wurde die Fähigkeit gegeben zu träumen und, was noch wichtiger ist, mit Gott zu träumen. Seine Sprache wird weiterhin enthüllt, das, was in Seinem Herzen ist, wird uns erteilt, und ich möchte es dir ausdrücklich erlauben zu versuchen, Seine Güte zu übertreiben. Uns wurde die Berechtigung verliehen, die Errungenschaften früherer Generationen zu übertreffen, indem wir die Kreativität mit Weisheit einsetzen, um Herausforderungen, vor denen wir stehen, zu bewältigen. Ihre Zimmerdecke ist unser Fußboden. Wo sie aufhörten, dort fangen wir an. Dies ist unsere Zeit, das Rennen zu machen.

Nur Kinder sind bereit

Ich erinnere mich noch, als ich ein Kind war und meine Eltern Gäste in unser Haus einluden. Es war immer aufregend, bei dem guten Essen und dem Spaß dabeizusein. Aber es war schmerzlich für mich, ins Bett gehen zu müssen, wenn die Gäste noch immer da waren und im Wohnzimmer saßen, miteinander redeten und Spaß hatten. Das Lachen, dessen Echo bis in mein Zimmer drang, war für mich die reinste Folter. Es war für mich unmöglich, in dieser Atmosphäre zu schlafen. Manchmal, wenn ich es nicht mehr länger aushielt, schlich ich leise in den Flur, um zu horchen. Ich wollte einfach nichts verpassen. Wenn meine Eltern mich erwischten, schickten sie mich gewöhnlich wieder ins Bett. Doch es gab einige Male, bei denen sie glaubten, meine Neugierde sei witzig genug, um mich aufbleiben zu lassen, so dass ich noch ein bisschen länger bei ihnen sein durfte. Das Risiko hatte sich gelohnt!

Gerade jetzt befinde ich mich wieder im Flur. Und der Gedanke, etwas zu verpassen, das die Erfahrung meiner Generation hätte werden können, ist die reinste Folter. Ich kann in einer solchen Atmosphäre unmöglich schlafen, denn wenn ich schlafen würde, weiß ich, dass ich den Grund versäumen würde, für den ich geboren wurde.